manu theobald

stille ist

manu theobald

stille ist

adeo

Für Christoph, Vincent und Carlotta

INHALT

ULRICH WALTER

ASTRONAUT
PHYSIKER

STILLE IST ZURÜCKGEZOGENHEIT

Ich liebe diese Art von Stille, die mir Zurückgezogenheit gewährt. Zeit, um Musik zu hören oder über verschiedene Dinge nachzudenken, durchaus sehr konzentriert, auch wenn mich dazu keine akustische Stille umgeben muss. Einfach zu wissen, dass gerade niemand etwas von mir möchte, worauf ich meine Aufmerksamkeit verwenden müsste.

Als ich im All zum Arbeiten war, umgab mich zwar draußen die absolute Stille, drinnen waren die technischen Geräusche dagegen gar nicht so gering. In unserem Shuttle hatten wir ungefähr 72 dBA, auf der Raumstation waren es hingegen nur zwischen 51 und 62 dBA. Ich musste mir damals bewusst Zeit für mich nehmen, auf das Flight Deck des Shuttles schweben und dann diesen Blick auf die Erde in innerer Stille genießen.

Wenn man mit dieser gigantischen Geschwindigkeit von 28.000 Stundenkilometern, aber in ansonsten absoluter Stille die Erde an sich vorüberziehen sieht, das ist eine Sicht von besonderer Eindringlichkeit. Zu sehen, dass es keine Staatengrenzen gibt und dass überhaupt all das, worauf wir so stolz sind, vom All aus nicht sichtbar ist. Unsere von Schul-Atlanten geprägte Sozialisierung, das von Staaten und ihren Grenzen geprägten Denken, das sogar zu Kriegen führt, erscheint aus dieser Sicht absurd.

Die einzigen vom All aus sichtbaren Grenzen sind die Meeresküsten, und man nimmt wahr, wie viel mehr Wasser als Land es auf unserer Erde gibt. Dieser Anblick hat mein Verständnis von unserer Erde verändert.

Es mit eigenen Augen zu sehen macht den Unterschied, so wie es etwas ganz anderes ist, einen Toten in einem Krimi im Fernsehen zu sehen, oder eben einen leibhaftigen Toten vor mir.

Das Universum ist so verdammt groß. Im All sieht man einfach nur schwarz und einen ganz kleinen Punkt, der so wunderbar bläulich ist – die Erde. Eigentlich ist alles Weltraum, außer vielleicht dieser unbedeutende kleine blaue Punkt. Die Dimensionen lassen einen schnell begreifen: Unsere Selbstüberschätzung ist einfach maßlos; tatsächlich spielen wir in diesem kosmischen Entwurf nicht die geringste Rolle. Bei dem Anblick scheint es gar fantastisch, dass wir uns überhaupt entwickeln konnten, wobei scheinbar zufällige Faktoren unsere Evolution günstig beeinflusst haben, und dass wir diese Vorgänge auch noch reflektieren können. Das muss man sich immer wieder vergegenwärtigen!

Unsere Erde scheint wie ein hilflos winziges Boot im Weltraum, aber sie ist das einzige, was wir haben. Es wirkt so zerbrechlich, dass man befürchtet, es könne beim kleinsten Sturm im Ozean des Universums untergehen. Der Mensch ist nicht die alles entscheidende Größe. Es gibt den Homo sapiens erst seit 200.000 Jahren, in einer Erdgeschichte, die seit 4,6 Milliarden Jahren währt. Wir sind also kaum mehr als Eintagsfliegen, glauben aber, dass wir in den vergangenen und zukünftigen 100 Jahren die Erde zerstören könnten. Diese Zeit entspricht zwei Millisekunden auf der Erduhr. Was für eine unglaubliche Selbstüberschätzung!

Wir glauben, wir seien das Maß aller Dinge. Doch nicht diese egozentrische Überzeugung ist richtig, sondern ihre Umkehrung: Wir Menschen sind Teil der Natur, wir benötigen sie. Als wir noch an Götter in jedem Naturelement glaubten, war dies eine selbstverständliche Sicht der Menschen.

Auch andere unserer Sichtweisen über die Welt sind falsch. Unsere Vorstellungen von Zukunft und Vergangenheit sind so, als seien dies Orte, wo man hinreisen könnte. Doch das Einzige, was es gibt, ist das sich verändernde Jetzt. Das ist alles. In diesem Sinne gibt es keine Zeit, und es existiert keine Vergangenheit und keine Zukunft. Nur so ist zu verstehen, was Einstein und vor ihm der Kirchenvater Augustinus behaupteten: Vor der Schöpfung gab es weder Raum noch Zeit! Zeit ist nur ein gedankliches Konstrukt, von dem wir glauben, damit könnten wir die Vorgänge in der Welt besser verstehen.

Deswegen gibt es auch keinen Zeitpfeil. Das Einzige, was gerichtet ist, ist die Veränderung der Dinge im Jetzt. Eine Tasse Kaffee fällt vom Tisch und verunreinigt den Teppich. Der Kaffee im Teppich aber wird sich nie von allein in eine Tasse begeben, die hoch auf den Tisch „fällt".

Wir sollten uns also auf das Jetzt konzentrieren. Es ist das Einzige, was existiert. Wir werden nie wissen, wie sich das Jetzt im Weiteren entwickelt. Morgen mögen wir im Lotto gewinnen, oder es könnte auch ein Meteorit einschlagen, der die gesamte Menschheit vernichtet. Das Jetzt ist das Einzige, was wir haben.

Im All gibt es wegen der fehlenden Atmosphäre kein Geräusch. Die akustischen Aufnahmen der NASA von Planeten und Sternen sind lediglich Übersetzungen von elektromagnetischen oder seismischen Schwingungen in hörbare akustische Signale. Der Mars schwingt mit 1/10 Hz und wurde mit dem Faktor 1.000 in den hörbaren Bereich umgesetzt. Das ist etwa so, wie wenn man die von Fledermäusen wahrnehmbaren Ultraschallfrequenzen heruntertransponiert und sie so auch für Menschen hörbar macht. Wie allerdings Fledermäuse solchen Ultraschall empfinden, das werden wir nie erfahren. Aber diese Übersetzung ist eine Möglichkeit, überhaupt einen Zugang dazu zu bekommen, statt einer komplizierten Formel, die kaum einer versteht.

Die Realität ist also weit mehr als das, was wir von ihr wahrnehmen. Das ist oft nur ein kleiner Ausschnitt, den wir für das Ganze halten. Das Problem ist, dass das Einzige, was wir verstehen, das ist, was wir erfahren.

Vieles von dem, was wir nicht verstehen, können wir zwar mathematisch hinschreiben; das ist das Wunderbare an der Wissenschaft. Ich kann mir eine Gleichung ansehen und darüber staunen, wie sie unsere Welt darstellt – aber gleichzeitig wissen: So werden wir sie nie wirklich verstehen!

Meine besondere Stille ist die im Bett kurz nach dem frühen Aufwachen, in dem Wissen, dass ich noch eine halbe Stunde liegen bleiben kann. Ich bin also wach, bleibe aber mit geschlossenen Augen entweder auf der linken oder rechten Seite liegen und gebe mich völlig dem Lauschen auf meine Gedanken hin. In dieser transzendenten Gedankenwelt habe ich oft tolle Ideen, wie ich sie tagsüber nie habe. Und sie sind unterschiedlich, je nachdem, auf welcher Seite ich liege.

Ein Mediziner klärte mich über das wohl bekannte Phänomen auf: Wenn ich auf meiner linken Seite liege, würde die linke Gehirnhälfte besser durchblutet und umgekehrt, und da unser Denken unterschiedlich auf die beiden Gehirnhälften verteilt ist, würde durch Umlegen auch das Denken verändert. Was für ein wunderbarer Tagesbeginn!

Professor Ulrich Walter lehrt und forscht über und entwickelt Satellitensysteme, insbesondere für robotische Anwendungen, weiterhin Systemtechnik (System-Modellierung und Optimierung), Bemannte Raumfahrtsysteme (Lebenserhaltungssysteme und ISRU) und High Velocity Impact Physics (Untersuchung von Mikrometeoriteneinschlägen).

Walter studierte Physik und promovierte in Köln. Nach der Berufung ins Deutsche Astronautenteam im Jahr 1987 und der Ausbildung zum Wissenschafts-Astronauten flog er im Jahre 1993 an Bord der Columbia die D2-Mission mit 89 wissenschaftlichen Experimenten. Seit 2003 leitet er den Lehrstuhl für Raumfahrttechnik an der TU München.

HAZEL BARTON

HÖHLENFORSCHERIN
MIKROBIOLOGIN

STILLE IST ZUGEHÖRIGKEIT

Wenn du völlig abgeschieden in einer Höhle bist, nur von Stein umgeben, dann ist das ein Gefühl von Frieden, von völligem Eintauchen in deine Umgebung und absolute Einbettung in sie. Diese Stille fühlt sich an wie Zugehörigkeit. Höhlen haben einen eigenen Klang, der von ihrer Größe, der Art ihres Gesteins und ihrer Form abhängt. Und sie haben definitiv eine Persönlichkeit, die einem das Gefühl gibt, eingeladen zu sein – oder dass sie dich absolut nicht dahaben wollen.

Da Höhlen versteckt unter der Erde liegen, kann man in ihnen noch immer etwas entdecken, von dessen Existenz niemand etwas wusste. Wir haben Höhlen in Gegenden gefunden, wo aus geologischer Sicht gar keine existieren sollten.

Höhlen atmen. Sie atmen ein und atmen aus. So findet man auch ihren Eingang: indem man dem Luftaustausch folgt. Die Höhle ist wie eine Lunge. Hoher Luftdruck außerhalb presst Luft in die Höhle. Und wenn der Außendruck fällt, strömt die Luft zum Ausgleich wieder hinaus. Ich habe in Neu-Mexico in einer Höhle gearbeitet, in deren Eingangsbereich ein Luftaustausch mit 70 Stundenkilometern stattfand. Und in China entdeckten wir eine Höhle, in der so ein starker Luftzug blies, dass wir einen Drachen fliegen lassen konnten. Der Atem der Höhle leitet dich, wenn du die Hand nach oben streckst, tief nach innen, in die versteckten Passagen.

Ich habe sehr viele Höhlen entdeckt, die für Hunderte oder Tausende Jahre ungestört existierten. Es ist jedes Mal ein ehrfürchtiges Gefühl und eine

Verantwortung, diese als erster Mensch zu betreten, weil es nicht rückgängig gemacht werden kann. Dafür braucht man eine klare und starke Absicht. Als Forscherin möchte ich natürlich erst mal herausfinden, was da überhaupt in dieser verborgenen Welt existiert und dann vielleicht zu schützen ist.

Wir versuchen über das Erforschen der Mikroben Entdeckungen über die Entstehung des Lebens zu machen und für die Zukunft herauszufinden, welche Möglichkeiten ihrer ungewöhnlichen Fähigkeiten zu überleben für uns Menschen anwendbar sind.

Mikroorganismen gibt es bereits seit kurz nach der Entstehung der Erde. Viele denken, dass die Bäume die Lunge der Welt seien, doch lange bevor es Bäume gab, vor Milliarden Jahren, führten Mikroben die Photosynthese aus, die den Sauerstoff in unsere Atmosphäre brachte und somit die Grundlage unseres Lebens schuf.

Als ich damit begann, Mikroorganismen in Höhlen zu untersuchen, erwartete ich, einige sehr spezialisierte Arten zu finden, die eine Anpassung an die rauen Bedingungen in einer Höhle geschafft hatten, tief unter der Erde, abgeschieden von Licht und Nahrungskreisläufen. Stattdessen entdeckten wir eine bemerkenswerte Vielfalt, ähnlich der ökologischen Komplexität eines Regenwaldes. Ein unglaublich diverses Ökosystem, mit Hunderten verschiedenen Arten von Mikroben, die miteinander interagieren, um zu überleben. Nach fünfzehn Jahren Forschung glauben wir, dass die Abgeschiedenheit der Höhlen der Grund für diese unglaubliche Vielfalt ist. Die Lebensbedingungen sind so karg, dass alle Energie und jeder Nährstoff, die in das System kommen, wieder in dieses zurückrecycelt werden müssen, da das System es sich nicht leisten kann, irgendetwas zu verlieren.

Doch es trägt nicht jede Mikrobe etwas zum System bei. Wir beobachten auch Mikroben, die sich durchschummeln, um zu überleben. Nahezu alle Antibiotika, die wir nutzen, stammen von Mikroorganismen. Sie benutzen sie als chemische Waffen. Wir fragten uns, ob wir in den nahrungslimitierten Höhlenumgebungen, in denen sie um jede zur Verfügung stehende Ressource kämpfen, viele dieser Antibiotika bei den Arten finden würden, die schummeln und stehlen, um an Nährstoffe zu gelangen. Und tatsächlich fanden wir Beweise dafür.

Wenn Mikroben Antibiotika ausgesetzt sind, dann können einige zurückschlagen, indem sie Abwehrkräfte gegen diese Antibiotika aufbauen. Resistenzen gegen Antibiotika sind ja ein großes Problem in der Behandlung infektiöser Krankheiten. Resistente Keime in Krankenhäusern sind von allen gefürchtet, weil man sie eben mit normalen Mitteln nicht bekämpfen kann.

Uns interessierte, ob wir solche gegen Antibiotika resistenten Mikroorganismen auch in abgeschiedenen Höhlen finden würden, nicht nur an Orten, wo Antibiotika als Medikament eingesetzt werden. Wir begannen mit unseren Untersuchungen in einer Höhle, die sieben Millionen Jahre lang völlig isoliert gewesen war, also in der keine Möglichkeit bestand, dass die in der

Humanmedizin verwendeten Antibiotika hierher hätten gelangen können. Und doch fanden wir Resistenzen auf jedes existierende Antibiotikum.

Das veränderte unser bisheriges Verständnis der Entwicklung von Antibiotika-Resistenzen völlig und es hilft uns, neue Wege zu ihrer Überwindung zu finden. Denn wenn diese Resistenz etwas Uraltes ist, dann haben diese klugen Mikroorganismen vielleicht auch längst wieder Wege gefunden, diese zu überwinden, und das könnte wiederum zur Entwicklung von neuen Medikamenten zur Behandlung von Infektionen führen.

Ein weiteres Forschungsfeld ist herauszufinden, wie die Mikroben ihre Umgebung beeinflussen und beispielsweise Höhlen formen. Da gibt es Bakterien, die Elektronen mit dem Stein austauschen, um Energie zu bekommen, und in der Folge wird der Fels fester oder durchlässiger, sodass er von Wasser aufgelöst werden kann. So entstanden Höhlen von bis zu 240 Kilometern Länge mit Passagen in der Größe einer Kathedrale. Riesige Hohlräume, die durch mikrobielle Aktivität geformt wurden und meist für Tausende Jahre ungestört bleiben – bis jemand beschließt, den ersten Schritt hineinzusetzen.

Die intensivste Zeit der Stille erlebe ich, wenn ich in einer Höhle übernachte. Man liegt da im Dunkeln ohne irgendeine Nahrung für die Sinne. Es gibt weder Licht noch Geräusche noch Gerüche, denn jede Höhle hat ihren eigenen Geruch, an den man sich gewöhnt und ihn dann nicht mehr wahrnimmt. Man kann tasten, aber das ist auch alles.

Plötzlich beginnt man die Geräusche des eigenen Körpers ziemlich laut zu hören. Das ist sehr berührend, weit unter der Erde zu sein und seinen Herzschlag, das Rauschen des eigenen Blutes und seinen Atem zu hören. Die Töne, die das menschliche Leben repräsentieren und denen wir sonst so selten Aufmerksamkeit schenken.

Hazel A. Barton ist Mikrobiologin und Geologin. Geboren
wurde sie 1972 in Bristol, England. Sie studierte Angewandte
Biowissenschaften an der University of the West of England.
Nach dem Abschluss als Bachelor wechselte sie ans Health
Sciences Center Denver, wo sie 1997 mit dem Doktor für
Mikrobiologie und Immunologie abschloss (Spezialgebiet
antibiotikaresistente Tuberkulosestämme). Heute ist sie
Professorin an der Universität von Akron.

Mit ihrer Kollegin Nancy Holler wirkte Barton in dem
IMAX-Film „Journey Into Amazing Caves" mit, außerdem
in verschiedenen anderen Wissenschaftssendungen. Sie
hat zahlreiche Publikationen über Höhlenforschung und
extremophile Bakterien sowie gemeinsam mit Nancy Holler
das Kinderbuch „Exploring Caves: Journeys into the Earth"
veröffentlicht.

SUSANNA ROTH

HEBAMME

STILLE IST DER NACHHALL
EINES EREIGNISSES

Stille und Geburt gehören für mich untrennbar zusammen. Da ist die Geburtswehe, dann die Wehenpause, immer im Wechsel. Die Wehe ist kraftvoll, aktiv und fordernd. Das ist anstrengend für die Gebärende und sie agiert das körperlich aus. Stöhnt laut, prustet, wackelt, stampft, schreit. Fast plötzlich erscheint dann die Wehenpause – kein Schmerz mehr, Erleichterung, Erholung, Ruhe, Stille. Dann kommt die nächste Wehe und anschließend wieder die stille Pause.

In der Schwangerschaft ist es eine andere Stille, die das Brüten und Gedeihen begleitet, bei dem sich verborgen im Inneren der Frau ohne bewusstes Zutun das Baby einfach im stillen Vertrauen entwickelt. Mit zunehmendem Wachstum bereiten sie sich beide, Mutter und Baby, instinktiv auf die Geburt vor. Die Mutter zieht sich mehr zurück, braucht mehr Schlaf und weniger Gesellschaft. Das Kind findet sich in Richtung Ausgang zurecht und die Natur weiß, wie beide für den Beginn der Geburt optimal zusammenwirken. Eine großartige Ordnung, die dieses Geschehen vonstattengehen lässt. Ich bin in der glücklichen Situation, Geburten in ihrer wahrhaftigen, naturgemäßen Form zu Hause zu begleiten, und staune immer wieder über die unfassbar selbstregulierenden Vorgänge.

Wenn ich den Auftrag habe, für diese Geburt die Hebamme zu sein, dann werde auch ich Teil dieses Prozesses. Wenn nämlich eine Geburt beginnt, dann muss sie eben beginnen. Das wird nicht von Menschen entschieden, und das kann ich sehr gut akzeptieren. Dieses Sich-darauf-Einlassen schafft eine gegenseitige, intensive Verbindung zwischen mir und der schwangeren Frau. Eine stille Abmachung – ein stilles Vertrauen.

Ich habe mich mit dieser Berufswahl auch bewusst für die Bereitschaft entschieden, aus jeder Situation heraus zu einer Geburt gerufen zu werden. Das bedeutet für mich, in dieser Zeit einen Alltag zu leben, der mir immer Reserven lässt.

Während der Geburt rede ich nur wenig. Reden, Erklären und Austauschen hat in der Schwangerschaft stattgefunden. Macht- und Autoritätsmissbrauch sind zu Recht ein Thema in der Geburtshilfe. Es braucht unbedingt eine gute Kommunikation auf Augenhöhe und einen geschützten Raum. Jetzt ist sich die Frau sicher, dass sie mit mir ihre Intimität und alles, was sein wird, teilen kann.

Wie verhalte ich mich also während der Geburt mit meiner Sprache und meinem Körper so, dass ich die gebärende Frau stärken kann? Ich beobachte und lausche unaufdringlich mit hoher Aufmerksamkeit, alle Sinne ausgerollt: Wie lange dauert die Wehe, wie lange die Wehenpause? Welche Positionen bevorzugt die Gebärende? Wie ist der Ausfluss? Blut, Schleim, Farbe? Was dünstet die Gebärende aus? Wie sieht der Bauch jetzt aus? Dann brauche ich gar nicht mehr viel zu untersuchen.

Wohltuend präsent und gleichzeitig gelassen drücke ich in meiner Körpersprache und manchmal mit Worten aus: „Alles ist in Ordnung. Auch wenn es wehtut. Du schaffst das! Es geht genau in die richtige Richtung!" Auch die Väter brauchen diesen Zuspruch.

So versuche ich mich ohne eigene Erwartung, die nur subtil Stress erzeugen würde, dem Geschehen hinzugeben. Und selbst wenn manchmal der Geburtsverlauf Unterstützung erfordert, braucht es eine Idee, die nicht die kognitive Ebene anspricht. Diese würde Hormone aktivieren, die nicht förderlich sind.

Die Varianten an Geburten sind natürlich so vielfältig, wie Frauen unterschiedlich sind. Dabei vom eigenen Körper überwältigt zu werden, dagegen sträubt sich die wehende Mutter doch erst mal instinktiv. Es gibt Momente, in denen die Frau derart von den Geburtskräften übernommen wird und einen so totalen Kontrollverlust erlebt, dass es sie beängstigt. Daher sind Vertrauen und Schutz so wichtig.

Ist das Baby dann geboren, ist es für alle unfassbar, obwohl wir ja dabei waren. Es liegt da und man fragt sich: „Wie konntest du aus so einer kleinen Öffnung schlüpfen? Wie konntest du dich so verhutzeln und dann sofort so entfalten?" Das ist doch nicht zu begreifen. Ich muss jedes Mal lachen, wenn es dann da ist – einfach sensationell, oder?

Ich erinnere mich an eine Geburt vor etlichen Jahren. Die Frau hatte eine Kassette mit Musik für die Geburt zusammengestellt. Wir waren drei Frauen in einem winzigen Badezimmer und die Gebärende in der Wanne. Ich hatte

Entspannungsmusik vermutet, doch es war Michael Jackson, zu dessen Musik wir dann alle sangen und tanzten. Das hatte eine Power! In den Wehen stöhnte die Gebärende gemeinsam mit Michael, und dazwischen schaukelte sie im Wasser, bis dann mit einem jauchzenden Schrei das Baby geboren wurde und wir die Musik ausmachten.

Manchmal ist Stille der Nachhall eines Ereignisses, der bei jeder Geburt für eine ganze Weile bleibt.

Ich erlebe den Übergang zur Stille jeden Abend zwischen Ins-Bett-Gehen und Einschlafen ganz bewusst. Manchmal ist er kurz, manchmal dauert er Stunden. Es ist gut, mitzuerleben, wie mein Körper und meine Gedanken herunterfahren, wie sich meine Sinne in der Stille einrollen, bis ich schließlich vom Schlaf übernommen werde.

Susanna Roth, Jahrgang 1958, ist Hebamme. Ihr Examen legte sie 1980 in München ab. Sie ist Mutter zweier Kinder, die 1985 und 1992 geboren wurden.

Susanna Roth begleitet seit 1981 Frauen, die ihr Kind zu Hause auf die Welt bringen wollen. Die Betreuung erstreckt sich von der Schwangerschaft über die Geburtshilfe zu Hause (out of hospital) bis 40 Tage post partum (nach der Geburt).

PAUL IVIĆ

KOCH

STILLE IST EINFACH NUR DA SEIN

Stille fängt für mich meistens morgens an, wenn ich einen Espresso in der Hand halte und auf ein abstraktes Bild schaue, das ein Freund gemalt hat. Ich kann es einfach ansehen und mich für fünf, sechs Minuten darin vergessen und über nichts nachdenken.

Mein Alltag ist oft weit weg von Stille. Ich mag auch diesen Teil, in dem ich mit vielen Menschen und allen dazugehörigen Emotionen das Leben teile. Doch die Stille gehört nur mir.

Die Ausbildung meines Geschmacks begann als Kind auf dem Land, umgeben von Gärten, Äckern und den Hühnern meines Opas. Wenn ich das Erdbeerfeld meiner Tante plünderte, fand ich schnell heraus, welche Früchte am besten schmeckten, wann sie am reifsten waren, wie sie dann aussahen und dufteten. Genauso mit dem Gemüse. Wie köstlich ein Kohlrabi schmeckte oder eine Karotte, frisch aus der Erde gezogen. Eine ganz natürliche Geschmacksschulung.

Meine Mutter dachte oft, ich sei heikel mit dem Essen, dabei war ich einfach nur schon damals anspruchsvoll. Zwei komplett verschiedene Sichtweisen. Wenn ich etwas vorgesetzt bekam, was mir optisch nicht gefiel, konnte ich es nicht essen. Wenn ich zu Hause zur Tür reinkam und mich der Duft von frisch gebackenem Kuchen empfing, ging mir das Herz auf.

Ich verbinde mit gutem Essen immer eine Zuwendung. Jemand hat etwas für dich gekocht oder gebacken. Wenn es lieblos gemacht ist, empfinde ich es als eine Beleidigung, als Nicht-Wertschätzung. Ich wusste nicht gleich, dass ich Koch werden wollte, aber dass mir Geschmack sehr wichtig war, das war schon früh klar.

In meiner Kochausbildung war dann der Ton sehr rau und ich sehr sensibel. Die Ausbildung war sehr fordernd und hart. Mein Berufsweg ergab sich trotzdem weiter, weil ich eine große Widerstandsfähigkeit und Ausdauer besitze, weil ich durch die Tiefen viel lernte und immer wieder aufstand, wenn ich hingefallen war. Es gab Chefs, die meine Kreativität förderten und forderten, die sahen, dass da noch mehr war, als ich es wahrnahm. Wir schreiben sehr unterschiedliche Aufsätze mit demselben Alphabet. Meine Art, mich auszudrücken, war immer schon durch das, was auf den Teller kommt.

Es braucht natürlich ein gewisses Maß an Erfahrung, um Nahrungsmittel kombinieren zu können, und Wissen, wie etwas auf etwas anderes reagiert. Und es braucht eine Vorstellungskraft, die nur in der Stille entsteht und der man nur unabgelenkt folgen kann. Auch ein gesundes Maß an Selbstkritik ist ein guter Antrieb.

Ich lernte, dass man sich selbst mögen muss, um andere mögen und führen zu können. In meiner ersten Stelle a.s Küchenchef war ich noch ein ziemlicher Rüpel und musste erst erkennen, wie wenig ich mich selbst mochte. Ich steckte in einem System fest, das mich mental wie physisch krank machte. Ich war Koch geworden, weil ich mit etwas Lebendigem und mit Geschmack und Freude arbeiten wollte. Diesen Weg hatte ich komplett aus den Augen verloren und stumpfte immer mehr ab. Zahlen wurden das Wichtigste. Es wurde mir egal, woher das Essen kam, ob die Garnelen vorher in einer Antibiotika-Suppe geschwommen waren. Hauptsache, sie waren billig. Alles ging nach Quantität, ich strebte beste Qualität mit schlechter Ware an, lebte freudlos und leer. Entsprechend spürte ich mich immer weniger und funktionierte nur noch. Doch mit Gleichgültigkeit kann man kein gutes Essen machen.

Dann kaufte ich eines Tages auf dem Markt Eier bei einer Bäuerin, die mir von ihren Hühnern vorschwärmte, denen es so gut ginge und die nur das Beste fressen würden. Ich war hungrig und nicht besonders empfänglich für das, was sie sagte. Ich wollte nur nach Hause, um mir ein Rührei zu machen. Doch beim ersten Bissen verwandelte mich der Geschmack der Eier wieder zurück in den fünfjährigen Jungen, der bei seinem Opa am Tisch saß und Rührei von seinen Hühnern aß. Geschmack und Geruch können das bewirken! Und mit diesem Erleben kam auch ein Aufblitzen meiner alten Lebensfreude durch.

Dem folgte ein langer Aufräum-Prozess, und ich begann zu verstehen, was ich alles ignoriert hatte, um die Grobheit in dem Berufsfeld normal zu finden. Als Koch hast du eigentlich eine ethische Verpflichtung. Du arbeitest mit Lebensmitteln. Wenn du Lebensmittel in der Hand hältst, dann musst du mit allen deinen Sinnen anwesend sein. Du weißt, dass Essgewohnheiten unseren Körper, unser soziales Verhalten und unsere Gesundheit beeinflussen.

Ich musste mich also rückbesinnen darauf, was Nahrung ist und was sie mit uns macht. Ich brauchte eine massive Veränderung in meinem Leben. Die Hinwendung zur vegetarischen Küche war ein für mich lebensnotwendiger Schritt. Wie das Raumschiff Enterprise in meiner Lieblingsserie machte ich mich auf Entdeckungsreise in neue Welten. Ich entdeckte neu, was mir schmeckte, was mir guttat und was nicht. Ich traf neue Entscheidungen, mit wem und wie ich arbeitete, weil beides essenziell war.

Ab dem Zeitpunkt, als ich begann, Frieden mit mir selbst zu schließen und liebevoller mit mir umzugehen, wurde ich automatisch gelassener mit anderen Menschen, weil der innere Stress immer mehr von mir abfiel. Und natürlich half auch die zunehmende Erfahrung dabei, schwierigen Situationen gelassen und nicht mehr panisch zu begegnen.

Wir erschaffen etwas. Das braucht Raum für Entfaltung. Wenn der Arbeitston zerstörerisch ist, wie ich es oft erfahren hatte, dann sind alle ängstlich, halten sich zurück und können ihr Potenzial nicht voll einbringen. Meine Mitarbeiter sollen sich wohlfühlen. Wir haben eine sehr lebendige Küche, in der sich alle miteinander austauschen und in der gelacht wird.

In meiner Ausbildung sollte Privates und Geschäftliches immer getrennt gehalten werden. Was für eine merkwürdige Vorstellung, als könnte man sich einfach so aufspalten. Natürlich hat es mich zu interessieren, wie es meinen Mitarbeitern geht, denn ihre Probleme wandern ins Essen. Wir verbringen viele

Stunden an den Orten, an denen wir arbeiten. Alles ist Energie und kommt als Information mit auf den Teller, also zum Gast. Ich bin mir sicher, dass neben der Qualität des Essens und dessen Präsentation auch zu 100 Prozent die Tatsache mitserviert wird, ob es in der Küche respektvoll oder respektlos zugeht.

Sobald der erste Gast da ist, sind alle sofort hoch fokussiert. Da gibt es dann keinen Platz mehr für Unterhaltungen. Wir streben eine gewisse Perfektion an, die nur mit Präzision möglich ist, und die erfordert Ruhe und Konzentration. Das geht nicht mit Hektik. Ich möchte, dass meine Mitarbeiter sich über ihre Professionalität und Leistung freuen.

In den Schulen lernen wir leider eher zu funktionieren, als Verantwortung für uns, unser Arbeiten und unsere Welt zu übernehmen. Es ist wichtig zu wissen, wann, wie und warum Dinge getan werden müssen, ob ich das gerade will oder nicht. Im Umgang mit Pflanzen und Tieren lernt man das schnell.

Mir gibt das Kochen und Kreieren so viel positive Energie zurück. All das gute Essen und die Zusammenarbeit mit den in kleinen Mengen und in höchster Qualität produzierenden Bauern sind so eine Freude.

Manche in unserem Beruf fühlen sich immer unter Druck. Druck macht mir höchstens die Verantwortung, entsprechende Einnahmen zu machen, sodass alle Mitarbeiter bezahlt werden können. Aber in der Küche zu stehen und für andere Menschen zu kochen, das ist das, was ich wirklich gerne mache.

Stille ist für mich auch, wenn ich keine Entscheidung treffen muss. In den ersten Jahren stammten alle Kompositionen von der Idee bis zum Anrichten von mir. Mittlerweile weiß ich, dass ich ein sehr kreatives, gutes Team habe, dessen Anregungen ich gerne immer wieder miteinbeziehe. So wie Captain Kirk und sein Team aus Spezialisten gemeinsam die Enterprise durch das Universum steuern.

Es ist eine tägliche Übung, meine Sinne offen und zugänglich für Neues zu halten. Ein wirklich bewusstes Stille-Erlebnis hatte ich mit dreißig, als ich auf einer Parkbank saß. Ich stellte plötzlich fest, dass ich einfach nur dasaß und wahrnahm, dass ich gerade dort war, ohne eine Nachricht zu schreiben, Musik zu hören oder sonst etwas zu tun … einfach nur da war. Das mag banal klingen, war aber für mich wie ein Aufwachen. Seither erlebe ich viele solcher Momente der Stille, des Einfach-nur-da-Seins.

Paul Ivić wurde am 16. August 1978 in Serfaus/ Tirol geboren. Seit 2011 ist er Küchenchef und Geschäftsführer des vegetarischen Restaurants Tian in Wien.

Das Tian wird seit 2014 mit einem Michelin-Stern ausgezeichnet. Er ist der einzige Koch Österreichs, der mit rein vegetarischer Küche einen Michelin-Stern erkocht hat. Weltweit gibt es nur vier vegetarische Restaurants mit einem Michelin-Stern. Seit Juli 2018 leitet Ivić auch das Tian in München.

MARTIN BIENERTH

FOTOGRAF
SENNER

STILLE IST ENERGIE

Wenn ich auf der Alp bin, nehme ich Stille nicht bewusst wahr. Erst, wenn ein störendes Geräusch sie durchbricht. Wasser-, Wind- und Tiergeräusche sind die Musik der Stille, sogar die Glocken der Kühe. Motorengeräusche, Flugzeuge, Menschengerede dagegen sind störender Lärm.

Auf der Alp bestimmen Tag und Nacht, Weide-, Trink- und Melkzeiten das Leben. Das Wetter bedingt die Auswahl der Weiden. Aus Erfahrung weiß man, dass nach längeren Trocken- oder Feuchtperioden die Abhänge absturzgefährlich für die Tiere sind, also muss man mit dem Weideplan darauf reagieren. Wenn Hagel droht, muss man sie schnell in den Stall bringen können, damit keine Panik entsteht.

Bei Gewitter ist man in den Bergen natürlich sehr exponiert. Oft habe ich vom Blitz erschlagene Tiere gefunden. Zum Glück hat es keine meiner Kühe getroffen. Man ist dort dem Tod sehr nah. Wer das nicht akzeptiert, geht nicht auf die Alp.

Einmal saß ich beim Hüten auf der Kante eines Abhangs. Außer einem singenden Fluss war es ganz still. Plötzlich tauchten dicht unter mir zwei jagende Adler auf. Der eine scheuchte die dort zahlreich lebenden Murmeltiere auf, der andere stürzte herab und packte zu. Kurzes Fresskettenszenario – dann wieder Stille.

Alle Sinne sind viel wacher dort oben, weil man davon abhängt. Ich bin mir sicher, dass ich schon mehrfach das Gras habe wachsen hören, ein nicht definierbares Geräusch. Am stärksten sehe ich mit den Ohren, ob alles stimmt. Bei Nebel geht man manchmal nur nach Gehör, da merkt man, wie verkümmert unsere Instinkte sind. Die Tiere irritiert der Nebel wenig, die finden trotzdem ihren Weg, deshalb folgt man lieber ihnen zum Stall als umgekehrt.

Im Nebel ist die Stille wie ein Mantel, der dich umhüllt. Bei Gewitter ist sie die eine Spannung, die sich dann mit Blitz und Donner entlädt. Die Stille bei Hitze und Trockenheit ist eine unerträgliche, eine lähmende. Man sehnt sich nur nach Schatten und Geräuschen. Gegen Sonne und Hagel nehme ich sogar einen Schirm mit. Bei Regen ist die Stille das gleichmäßige Geräusch der Tropfen auf dem Blechdach, den Blättern und den Steinen. Wenn es dabei stark abkühlt und das Geräusch plötzlich in der Nacht aussetzt, dann weiß man, dass es schneit und man schnell rausmuss, um die Tiere in den Stall zu holen.

Jedes Mal, wenn ich auf der Alp war, war dann das Zurückkommen ins Tal nach drei Monaten sehr befremdlich. Erst wenn ich sie nicht mehr um mich hatte, wurde mir diese große Stille am meisten bewusst, und ich wollte sofort wieder dorthin zurück. Stille ist Energie. Sie füllt alle Gläser voll, die man sich vorher leer trinken lassen hat. Ich verstand die Gespräche der Leute nicht und begriff auch nicht, was ihre Probleme waren.

Mich beschäftigte die Frage, wie ich meine Anliegen besser mitgestalten könnte: sinnvollere Kreisläufe in der Milchwirtschaft und dass man den Kühen die Hörner lässt. Als ich eine Sennerei angeboten bekam, wusste ich, dass dies die Chance ist, es genau so machen zu können, wie ich es mir wünsche. Dafür gab ich sogar das Privileg auf, auf die Alp zu gehen.

Meine ersten drei Bücher sind Sehnsuchtsprodukte aus meinen gesammelten Fotografien und Texten der Alpaufenthalte. Einmal folgte ich mit der Kamera einer Gruppe Steinböcke, die ich unweit von mir entdeckt hatte, und ging über zwei Stunden so leise und konzentriert wie möglich hinter ihnen her, um sie nicht aufzuschrecken. Plötzlich stellte ich fest, dass ich mich an einen Platz nach oben bewegt hatte, von dem aus mir ein Abstieg unmöglich erschien. Aufwühlung, Visionen von meinem Absturztod, Akzeptanz, Beruhigen, Schritt für Schritt nach unten. Puh! Das dort entstandene Steinbockfoto bekam den Titel: Wenn die Stille verstummt.

Martin Bienerth ist 1957 im Allgäu geboren. Er besuchte die Fachschule für Landwirtschaft in Leutkirch im Allgäu und wurde dort mit den Fragen zur Energiepolitik, der Ökologie, des Umweltschutzes und der Milch- und Alpwirtschaft konfrontiert. Milch als Urstoff allen Lebens im Säugetier-bereich weckte seine Neugier. Er ging dorthin, wo die Milch auch heute noch am ursprünglichsten gewonnen und verarbeitet wird: auf die Alp. Es folgten 20 Sommer auf verschiedenen Alpen.

Seit 2001 ist er mit seiner Frau Maria Meyer Pächter der Sennerei in Andeer. Er ist Autor von vier Büchern, in denen er Bilder und Gedanken zu alpwirtschaftlichen Themen veröffentlichte.

VANDANA SHIVA

UMWELTAKTIVISTIN
PHYSIKERIN

STILLE IST DIE FÄHIGKEIT
DER SELBSTENTWICKLUNG IN UNS

Stille ist die Abwesenheit misstönenden Lärms. Gefälschte und falsche Nachrichten, die uns die ganze Zeit bombardieren, sind heftiger, zerstörerischer, störender Lärm.

Stille ist die Fähigkeit der Selbstentwicklung in uns, im Leben und in einem komplexen Universum. Das Leben ist das Fortbestehen von Raum und Zeit von heute bis morgen und bis übermorgen. Und es braucht einfach seine Zeit, bis eine Zelle ein Fötus und dann ein Wesen wird. Das Wachstum einer Pflanze benötigt seine Entwicklungszeit vom Samen bis zum Ende des Lebenszyklus. Diesen Kreis zu stören mit der Arroganz, ihn beschleunigen zu wollen, um ein ausbeutbares System daraus zu machen, bringt am Ende Tod und Zerstörung.

Die Unterwerfung der Zeit ist Teil dieses Lärms, der nicht auf das hört, was die Stille des Lebens in selbst organisierten, selbst geleiteten, miteinander in Beziehung stehenden, voneinander abhängigen Wechselwirkungen spricht.

Ich verstehe nicht, warum Menschen, die zu sehr damit beschäftigt sind, Geld zu verdienen, schlechten Instant-Kaffee trinken, warum sie schlechtes Instant-Saatgut wollen und von Leihmüttern ausgetragene Instant-Babys. Ein Baby auszutragen braucht Geduld, Liebe und Fürsorge, und nichts lehrt einen so viel über Stille wie die Stille eines Lebens in dir.

Es sind kartesische, mechanistische, mit fossilen Brennstoffen betriebene Ideen aus zwei Jahrhunderten kolonialer Ideologie: dass andere dazu da sind, sie zu besitzen, sie zu erobern und sie zu beherrschen. Dass Hierarchien die horizontalen Bindungen der Stille in ein vertikales Herrschaftssystem verwandeln. Das ist die Grundstruktur, wie wir unsere Nahrungsmittel, unsere Kleidung und unsere Häuser herstellen und die Stimme der Samen, der Erde, der Insekten, der Vögel zum Verstummen und Verschwinden bringen. Wir müssen diese tödliche Stille durchbrechen, um die tiefere Stille des Friedens hörbar zu machen, die die Mehrheit der Menschen immer noch will.

Stille ist für mich eine fließende Bewegung des Lebens, die sich ganz natürlich ergibt, ohne dass man die ganze Zeit daran arbeiten müsste. Daran arbeiten zu wollen lässt Unsicherheit zu Depression anwachsen, zum schlimmen gesellschaftlichen Ausschlag in Richtung Hass, wie er in unserer Zeit passiert.

Ich habe schon immer Mathematik und Physik geliebt und mich gegen die angebliche Wichtigkeit von Worten aufgelehnt. Heute schreibe ich Bücher und unterstütze Film- und Fotoprojekte, sosehr ich kann, weil ich erkannt habe, dass ein Bild wirklich stärker als tausend Worte ist. Und dass die Stille der Beziehungen durch Bilder geschieht. Worte dagegen können trennen, und heute, da wir von all diesen dummen Algorithmen auf Amazon, Facebook und anderswo unseren Verstand zerstört bekommen, haben sich Algorithmen in Gewalt und algebraische Stille in ein Instrument des Lärms verwandelt.

So viele bedeutsame Worte haben ihre Bedeutung verloren und stehen heute sogar für das Gegenteil ihres ursprünglichen Sinns. Es ist an der Zeit, ein zeitloses Vokabular wiederzuentdecken, in dem all die Stimmen der Stille erinnert werden. Besonders Kinder sollten die Gelegenheit bekommen, ihrer inneren Stimme lauschen zu lernen, denn das ist wahre Bildung: Educare – die Kultivierung der Fähigkeit, sich zu kümmern.

Da jede Kultur lebendig ist, kann sie ihre Beziehung zur Stille verändern. Momentan gibt es ein weltweites, verdrehtes Phänomen, das auf drei Beinen steht. Das erste Standbein ist die Gier, die alles regiert und antreibt. Das zweite ist das Bestreben, die Politik zu einem Instrument der Gier zu machen, sodass sie nicht mehr die Stimme des Volkes ist, sondern diese Stimme ertränkt. Das dritte Standbein würde ich „materialistische Ablenkung" nennen, die uns vergessen lässt, wer wir sind und wo die Stille in uns ist. Im Lärm der Supermärkte, der Wegwerf-Gesellschaft, der Unzufriedenheitskultur, die Kriegslärm mit sich bringt. Im Lärm, der Schiffe bewegt, Container bewegt, in denen sich Junk-Kleidung, Junk-Essen, Junk-Gegenstände befinden. Der Erdenbürger zu Konsumenten macht.

All das wird von einer kleinen Gruppe tyrannischer Männer angetrieben. Diese Tyrannen, die den Lärm machen und die Stimme der Stille zerstören, denken, sie würden Gutes tun, indem sie Armeen in andere Länder schicken, die Menschen mit Chemikalien besprühen, weil sie so weit von ihrer ursprünglichen Verbindung zur Erde, zu Pflanzen, zu Samen, zu Kindern, zu Verantwortung und Fürsorge abgetrennt sind.

Die Stimme, die von der Stille des Lebens, der Liebe und der Verbindung weiß – das ist die Stimme, die wir nähren müssen.

Vandana Shiva, geboren am 5. November 1952, ist seit
den 70er-Jahren als Umweltaktivistin, Physikerin und
Öko-Feministin aktiv. Sie lebt in Delhi und ist eine weltweit
anerkannte Autorität in den Bereichen Biodiversität, Saat-
gut, Agro-Gentechnik, biologischer Landbau, Wasserrechte,
Globalisierung und Klimawandel. Ihre Arbeit steht in der
Tradition von Mahatma Gandhi und sie ist Trägerin des
alternativen Nobelpreises.

Sie gründete die indische NGO Navdanya (9 Saaten), die den
Erhalt der biologischen Vielfalt, ökologischen Anbau, die
Rechte der Bauern und die Verbreitung nicht manipulierten
Saatguts fördert. Navdanya hat bereits 55 Saatgutbanken in
ganz Indien sowie das größte Fair-Trade-Direktmarketing-
Netzwerk des Landes etabliert.

WOLF SINGER

NEUROWISSENSCHAFTLER

STILLE IST ÜBERGANG

Für mich ist Stille nicht nur verbunden mit Lautlosigkeit, sondern mehr noch mit dem Abklingen von Reizen. Das gilt nicht nur für Geräusche, sondern für alle Sinnesreize. Selbst die Verlangsamung einer Bewegung bis zum Stillstand kann mir das Gefühl der Stille vermitteln. Für mich ergibt sich die Erfahrung der Stille vor allem aus dem Kontrast zwischen Übergängen.

Vermutlich hat das mit der Organisation unserer Sinnessysteme zu tun. Diese sind dafür ausgelegt, Veränderungen zu signalisieren und Gleichbleibendes auszublenden. Für alle Modalitäten gibt es zwei komplementäre Signalsysteme. Die einen werden durch die Zunahme, die anderen durch die Abnahme der Intensität von Reizen erregt. Wenn also etwas aufhört, dann führt das nicht einfach zum Abklingen von neuronaler Aktivität, sondern es werden Subsysteme aktiv, die das Verschwinden von Reizen melden, den Übergang von laut zu leise, von hell zu dunkel. Wenn es dauernd still ist, sich also nichts ändert, mag man vielleicht zur Ruhe kommen, nimmt aber die Stille selbst nicht mehr als solche wahr, weil die Sinne adaptieren. Kontinuierliches wird in der Regel nicht signalisiert. Selbst starke Gerüche werden, wenn sie gleichbleibend sind, nach einer Weile nicht mehr wahrgenommen. Man gewöhnt sich an sie.

Das Gehirn aber ist nie ruhig, auch wenn alles herum still und gleichbleibend ist. In bestimmten Schlafphasen ist es sogar genauso aktiv wie im Wachzustand. Die Empfindung von Stille beruht also vermutlich nicht auf Gehirnzuständen, die sich einfach durch wenig Aktivität auszeichnen. Wahrscheinlicher ist, dass die Wahrnehmung der Stille genauso auf bestimmten neuronalen Erregungsmustern beruht wie die Wahrnehmung von visuellen Objekten, Klängen und Berührungen. Dabei handelt es sich vermutlich um Aktivitätszustände, die eine hochselektive zeitliche und räumliche Struktur aufweisen und an denen sich eine große Zahl weit verteilter Nervenzellen beteiligen.

Wie solche Erregungszustände zu Wahrnehmungen werden, ist trotz intensiver Forschung noch nicht vollständig geklärt. Dies gilt schon für die Wahrnehmung konkreter Objekte und naturgemäß noch mehr für die Wahrnehmung von Stille. Die der Empfindung von Stille entsprechenden Erregungsmuster können dann zur Aktivierung jener Gehirnstrukturen führen, die ihrerseits bestimmte Emotionen auslösen. Je nach Gestimmtheit und Kontext kann Stille als beruhigend, beglückend, bestärkend und verbindend empfunden werden, aber auch als bedrückend, beängstigend, abweisend oder aggressiv. Sie kann, ebenso wie Einsamkeit, mit wohltuenden Empfindungen verbunden sein, aber auch Angst und Panikgefühle auslösen.

Ich wuchs an einem See im Alpenvorland auf. Wenn ich in den Morgennebel hinausruderte, den Kahn dann irgendwann treiben ließ und die Geräusche vom Ufer kaum mehr zu hören waren, nahm ich Stille sehr intensiv wahr. Nur wer in sich ruhen kann, wird Stille als kostbare Empfindung genießen können.

Wolf Joachim Singer, geboren am 9. März 1943 in München, ist
Neurophysiologe. Er studierte Medizin in München und Paris.
1975 habilitierte er sich an der Medizinischen Fakultät der
Technischen Universität München für das Fach Physiologie.

1981 wurde er zum Direktor der Abteilung für Neurophysio-
logie am Max-Planck-Institut für Hirnforschung in Frankfurt
am Main berufen und ist Mitbegründer des Frankfurt Institute
for Advanced Studies (FIAS), des Brain Imaging Center (BIC),
des Ernst-Strüngmann-Wissenschaftsforum und des Ernst
Strüngmann Instituts (ESI). Er ist Honorarprofessor für Physiologie. Seit 2011 hat er den Status eines Emeritus und führt als
solcher weiter die Abteilung „Singer-Emeritus-Department"
am MPI Frankfurt.

HERBERT NITSCH

FREITAUCHWELTMEISTER

STILLE IST FREIHEIT

Als ich vor dreißig Jahren den Film „ Im Rausch der Tiefe" sah, in dem es ums Freitauchen geht, dachte ich, dass die gesamte Geschichte fiktiv sei. Freitauchen wird ganz ohne Geräte praktiziert. Ich konnte mir nicht vorstellen, dass es physisch möglich ist, so lange und so tief zu tauchen.

Ich kam zufällig zum Freitauchen, stellte fest, dass es mir leichtfiel und dass bereits mit wenig Trainingsaufwand unglaubliche Verbesserungen möglich waren. Also wollte ich herausfinden, wie weit ich meine Grenzen erweitern kann. Dabei ging es um den Reiz des Möglichen, nicht um die Rekorde. In unserem Sport steckt kaum Geld und somit gibt es auch keinen Futterneid.

Im Wettkampf geht's über 100, sogar über 200 Meter tief runter, unter Verwendung eines Tauchschlittens. Der Blick ist nach innen gerichtet und meine Konzentration ist ganz beim Druckausgleich und beim Minimieren von Bewegungen. Das Limit beim Freitauchen kommt nicht nur durch das begrenzt mögliche Luftanhalten, sondern durch den irgendwann nicht mehr möglichen Druckausgleich.

Wenn man sich lange Zeit in der Unterwasserwelt aufhalten möchte, muss man den natürlichen Drang zu atmen immer mehr verschieben. Man lernt, seinen ganzen Organismus herunterzufahren. Mein Herzschlag liegt, wenn ich trainiert bin, unter 40, jetzt, während ich spreche, wahrscheinlich um die 50 – höheren Puls habe ich selten. Auch meine Körpertemperatur ist niedriger, im Ruhezustand 35 Grad.

Zum Spaß tauche ich vielleicht dreißig bis vierzig Meter tief, weil die Welt dort wirklich sehenswert ist und ich öfter und mit weniger Pausen tauchen kann. Völlig geräuschlos in diese Unterwasserwelt einzutauchen, ein Teil von ihr zu werden – das ist ein riesiger Unterschied zum lauten Flaschen-Tauchen, bei dem man schon lange gehört wird, bevor man gesehen wird, und dementsprechend nur die Tiere zu sehen bekommt, die sich nicht längst in Sicherheit gebracht haben.

Wenn ich mitten im Blauwasser runtergehe, die Oberfläche nicht mehr sichtbar ist, ich jede Referenz für unten und oben verliere und meine Schwerelosigkeit intensiv wahrnehme, dann umgibt mich eine große Stille, eine große Freiheit.

Manchmal höre ich dazu noch das Quieken von Delphinen oder Walgesänge, das ist unbeschreiblich schön. Aber genauso klar höre ich die Motorengeräusche von Schiffen, da muss ich dann genau abwägen, wann ich auftauche. Es sind schon einige Freitaucher von Booten überfahren worden.

Als ich noch als Pilot arbeitete, war ich oft lauten Motorengeräuschen ausgesetzt. Diese Dauerlärmbelastung war trotz Schalldämpfern oder Ohrstöpseln sehr ermüdend für mich. Heute kann ich Lärm und Stress, der mich umgibt, viel besser „draußen" lassen und habe über mein Training gelernt, mit meiner Aufmerksamkeit konzentriert bei dem zu bleiben, was ich gerade tue.

Die meisten Lebewesen der Unterwasserwelt sind geräuschlos unterwegs. Nur Schwärme, die in zackigen Bewegungen fliehen, hört man wie einen Schlag, und wenn man nah dran ist, spürt man die geballte Energie der Fische. Wenn ich einem einzelnen Fisch nahe kommen möchte, suggeriere ich, auf etwas neben ihm fokussiert zu sein, und kann ihn dann von dort aus betrachten oder filmen. Blick und Fokus ist für uns ein und dasselbe, für Fische nicht. Mit Seelöwen zu tauchen ist der Wahnsinn. Sie sind so neugierig und verspielt und bewegen sich derart agil unter Wasser, dass ich einmal vor lauter Faszination fast alles andere vergaß, bis sich mein Körper massiv mit der Ansage meldete: „Ähh, hallo, atmen wäre jetzt mal wieder angesagt!"

Nach meinem Tauchunfall 2012 beschloss ich in der Rehaklinik, als ein Teil meines Verstandes wieder funktionierte, meinen Körper positiv zu beeinflussen und die Grenzen, die zu diesem Zeitpunkt sehr massiv waren, wie beim Freitauch-Training langsam zu verschieben. Ich hörte, was die Ärzte sagten, hinterfragte, wozu diese Behandlung und jenes Medikament gut seien, ob die Nebenwirkungen wirklich für eine Verbesserung sprachen, hörte tief in mich hinein und entschied mich dazu, meinen Körper ohne Medikamente zu heilen, was mit wenigen Einschränkungen gelang. Nichts ist so fix, wie Experten es darzustellen versuchen. Es gibt immer Variablen.

Die meisten Menschen wissen mehr über ihr Auto als über ihren Körper, kaufen an der Tankstelle das beste Benzin für ihr Auto – und für sich Chips und Cola. Nur dass sie jederzeit ein neues Auto kaufen können; einen neuen Körper nicht.

Mit diesem Nicht-Bewusstsein haben wir leider auch die Unterwasserwelt eklatant vermüllt, verunreinigt, überfischt und verstrahlt. Wo enden Glyphosat, Industrieabfälle, Abgase, Abwässer? Im Meer! So viele Arten sind schon ausgestorben, obwohl man in funktionierenden Schutzgebieten sieht, wie gut diese regenerieren können. Auch die akustische Verschmutzung der Meere hat eine massive Schädigung der Meeresbewohner zur Folge. Sofortiges Umdenken und Handeln, das betrifft uns alle!

Vor meinem letzten Tauchgang war der Trubel immens. Journalisten, Kamerateams, Sicherungstaucher, Ärzte. Dann tauchte ich ab und alles war weg. Der ganze Lärm und Stress blieben bei den Menschen an der Oberfläche und ich hatte so einen entspannten Tauchgang. Da war nur noch das vertraute Geräusch des Tauchschlittens.

Herbert Nitsch ist der aktuelle Weltrekordhalter im Freitauchen und „der tiefste Mann der Welt". Er kann seinen Atem für mehr als 9 Minuten anhalten. 2007 stellte er in der Disziplin „No Limit" den Weltrekord im Freitauchen mit 214 Metern auf, den er 2012 mit einem No-Limit-Tauchgang auf 253,2 Meter selbst übertraf. Während des Weltrekord-Tauchgangs 2012 schlief Herbert, nachdem er die geplante Tiefe erreicht hatte, auf dem Weg nach oben aufgrund von Stickstoffnarkose kurzzeitig ein. Dadurch verabsäumte er den geplanten Dekompressionsstopp von einer Minute vor dem Auftauchen. Er erlitt eine schwere Dekompressionskrankheit (DCS Typ 2), was zu mehreren Hirn-schlägen führte, mit der Prognose, lebenslang ein Pflegefall zu bleiben. Er beschloss, seine Heilung selbst in die Hand zu nehmen, und taucht heute allen Widrigkeiten zum Trotz wieder.

ANDY HOLZER

BLINDER EXTREMBERGSTEIGER

STILLE IST EINE KETTE AUS KREUZUNGEN

Philosophisch betrachtet ist Stille für mich dann, wenn das Leben ausgehaucht ist. Diese absolute Stille ist eine Dimension, die wir uns nicht vorstellen können. Vielleicht ein klangloser, geruchs- und geschmacksloser Zustand, ein Zustand der Transparenz. Nur wenn Licht nicht gebrochen wird, ist es transparent, alles andere ist Schwingung.

Leben ist also das Gegenstück zur absoluten Stille. Im Leben verstehe ich Stille als eine Kette aus Kreuzungen, an denen man Entscheidungen trifft und ihnen bis zur nächsten folgt: Links? Rechts? Geradeaus? Umkehren? Beim Klettern komme ich an unzählige Kreuzungen. Linke Hand? Rechte Hand? Es ist wichtig, diese Kreuzungen zu erkennen. Die meisten Menschen rauschen ständig über sie hinweg und bekommen gar nicht mit, dass sie Glück hatten, dass kein Seitenverkehr kam. Oder sie verpassen gute Abzweigungen. Wenn etwas passiert, sagen sie: „Würde ich noch mal an der Stelle sein, kurz vor dem Fehler, würde ich dies und das jetzt anders machen."

Ich versuche diesen Gedanken vorauszudenken und dann wieder zurück an den Punkt im Jetzt zu kommen, an dem ich handeln kann. Und immer wieder innezuhalten, um einem guten Gedanken eine Chance zu geben. So habe ich mein ganzes Leben zugelassen. Ich muss ja jeden Schritt zulassen.

Viele denken, sie wissen schon alles, sie können schon alles, sind eigentlich immer auf Sendung und stellen selten auf Empfangen um. Erfolgreiche Menschen schalten jedoch in einen Wechselmodus.

Beim Klettern heißt das bei mir: zehn Minuten aktiv klettern, dann kurze Stille. Um voranzukommen, muss ich aktiv sein, nur immer wieder für Momente auf Empfangsmodus gehen. Auf jeden Fall mehr aktiv sein als passiv, sonst geht es nicht vorwärts.

Als den bisher stillsten Ort in meinem Leben habe ich die Antarktis erfahren. Es fühlte sich dort an, als ob ich einen Gehörschaden hätte, denn es gibt fast keine Geräusche. Ich generiere meine Bilder über den Hörapparat, und wenn ich kein akustisches Signal mehr bekomme, wird es bei mir finster, vielleicht so, wie wenn ihr das Licht ausschaltet. Mein Gehirn weiß ja nicht, dass ich blind bin. Es macht sich Bilder aus vier Sinnen statt wie bei Sehenden aus fünf.

Im Schnee werden zwar viele Geräusche geschluckt, aber zum Navigieren bei den Abfahrten ist das perfekt. Ich muss wissen, wie breit das jeweilige Schneeband des Hangs ist. Meist fährt mein Partner voraus und ich höre auf sein Kantengeräusch. Wenn Wind dazukommt oder die Piste zu hart ist, dann fahre ich voran und höre im Soundkegel hinter mir, wie er seine Ideallinie fährt, an der ich mich akustisch orientieren kann. So rauschen wir dann 1400 Höhenmeter am Stück mit fünfzig, sechzig Stundenkilometern runter. Das ist wie Synchronskifahren.

Vor jeder Klettertour lerne ich erst die Sprache des Felsens, indem ich mit einer Hand im Mikrobereich die Fasern spüre, die sich dann in großen Strukturen wiederholen. Felsen sind total lebendig.

Über den taktilen Sinn bekomme ich noch tausendmal mehr vermittelt als über den akustischen. Wenn ich mit einem Stock oder meiner aufgelegten Hand verbunden mit meinem jeweiligen Partner gehe, erfahre ich darüber auf einen Zentimeter genau, welche Neigung, Richtung, Kurve, Welle der Weg hat. Mein Partner geht völlig in meiner Welt und ich in seiner. Ich weiß, dass ich ihn führen muss, damit er mich führen kann.

In so einer intensiven Verbindung bestiegen wir den Mount Everest zu dritt vom Basecamp in Tibet bis nach oben, im Abstand von drei Metern, jeder absolut auf den anderen achtend. Dieser Everest ist für mich ein Symbol für einen Lebensweg, auf den mich meine Eltern vor über 50 Jahren schickten, vorbehaltlos, trotz nicht vorhandenen Augenlichts keinen Unterschied machend. Und dieser Weg führte mich auf den höchsten physikalischen Punkt der Welt. Mein Vater starb während dieser Expedition, als ich dort war, wo er mich symbolisch hingeschickt hat.

Andi Holzer wurde am 3. September 1966 in Lienz/Österreich geboren. Er ist von Geburt an blind. Nach der Schule machte er eine Ausbildung zum Heilmasseur und Heilbademeister und betrieb Langlauf, Surfen und auch Mountainbiken.

Bekannt wurde Holzer vor allem wegen seiner Leistungen im Klettern und Bergsteigen. Er hat die Seven Summits, die jeweils höchsten Berge der sieben Kontinente, bestiegen. Nach zwei Anläufen 2014 und 2015 schaffte Andy Holzer es am 21. Mai 2017 mit seinen Partnern Wolfgang Klocker und Klemens Bichler auf den Gipfel des Mount Everest. Nach dem US-Amerikaner Erik Weihenmayer ist er der zweite Blinde auf dem höchsten Berg der Welt und der erste, dem dies über die Nordroute gelungen ist.

ALEXANDER SCHULZ

SLACKLINE-WELTMEISTER

STILLE IST MEIN INNERER ANKER

Beim Slacklinen bewegt man sich im freien Raum, umgeben von Luft, die Hände weit entfernt von einer Sicherheit, nach der sie greifen könnten. Das schüttet bei jedem erst mal viel Adrenalin aus. Jeder, der das erste Mal eine Highline betritt, mindestens zehn Meter über dem Boden, kennt die sich extrem unkontrollierbar anfühlenden Hormonausschüttungen, mit denen man erst mit der Zeit lernt umzugehen.

Ähnlich ist es, wenn ich an einem Abgrund stehe und Angst habe vor den Konsequenzen eines Absturzes. Dann zwinge ich diese Gedanken, leise zu sein, und aktiviere das Vertrauen in meine eigenen Fähigkeiten. Ich beginne mich aufzurichten, den ersten Schritt zu machen, dann den nächsten, und bei jedem einzelnen Schritt nur im gegenwärtigen Moment zu sein. Alles andere würde mich gefährden.

Ich muss einen inneren Ruhepol finden, damit ich mich nicht ablenken lasse. Mittlerweile weiß ich aus Erfahrung, dass es ihn gibt. Er ist nicht irgendwo im Körper verortet. Es ist mehr das Hinwenden meiner Aufmerksamkeit nach innen, wodurch eine Erweiterung von Raum entsteht, in dem es still ist, in den sich meine Sinne strecken können, bis ich ganz im Vertrauen bin. Stille ist mein innerer Anker.

Zwischen jedem Schritt, zwischen jedem Atemzug und zwischen jeder Bewegung ist eine Leere, eine Stille, in der nichts Störendes anwesend ist. Keine Ansprüche, keine Gedanken, nichts, was ich ausgleichen müsste – die perfekte

Balance, der Flow. Konzentriert bewege ich mich, nicht mehr ans Laufen denkend, und werde eine Einheit mit der Slackline und der Umgebung, ohne die Anstrengung zu spüren. Wenn ich dann ankomme, ist es ein riesiges Glücksgefühl, weil es davor so intensiv war, und erleichtert fallen alle Anspannungen ab.

Über die Jahre haben sich, trotz ständig neuer Situationen, Angst und Hormonausschüttungen stark verringert, doch bei sehr ausgesetzten Highlines muss ich immer wieder durch diesen Prozess. Beim Balancieren lenken mich akustische Störreize am meisten ab. Wenn ich mich aber voll und ganz an einen Ort gewöhnt habe und die Ausgesetztheit mir keine Angst mehr macht, dann bin ich an einem sehr intensiven Stilleort.

Natürlich habe ich auch Techniken, wie beispielsweise mich bewusst auf meinen Atem zu fokussieren, was meist einen schnellen Effekt hat. Wenn ich dann so konzentriert bin, weiß ich auch, dass ich nicht falle. Verlässt mich die Sicherheit im Gehen, dann bleibe ich stehen, bis ich diesen inneren Pol wieder neu gefunden habe.

Mit dem Slacklinen habe ich viel Vertrauen in meine Fähigkeiten gelernt. Ich musste mich meinen Ängsten stellen und diese überwinden. Das hatte Auswirkungen auf alle meine Lebensbereiche. Oft überspielen wir unsere Ängste, als Schutzmaßnahme. Dabei werden sie umso kleiner, je mehr wir ihnen bewusst begegnen. Würden wir uns alle mehr mit unseren Ängsten befassen, könnten wir uns viel freier begegnen.

Highlinen findet meist an tollen Naturplätzen statt. Es ist also nicht nur das Laufen, was starke Eindrücke hinterlässt, sondern auch das Hinkommen, das Sein an den Orten. In der Wüste in Utah erlebte ich Stille als eine menschenleere Weite, die sich nach Einsamkeit anfühlte. Ein ähnliches Empfinden erinnere ich als Kind in Höhlen, die mein Vater mit mir aufsuchte. Eine stark veränderte Wahrnehmung des Selbst anhand der Größenrelation im weiten oder engen Raum.

Alexander Schulz wurde 1991 in Rosenheim geboren.
Seit er im Sommer 2008 das erste Mal auf eine Slackline
gestiegen ist, hat ihn das Slacklinefieber gepackt und
nicht mehr losgelassen.

2010 lief er seine erste Highline und seit seinem Abitur im
April 2011 hat er sich voll auf das Slacklinen konzentriert.
Inzwischen hat er die Grenzen des Machbaren immer wieder
verschoben und zusammen mit seinem Team viele spekta-
kuläre Projekte umgesetzt: Weltrekord Highline (Kategorie
Nylon) mit 680 m Länge in Vancouver, Kanada; Weltrekord
Waterline mit 674 m Länge am Wanfo Lake in China; Welt-
rekord urbane Highline mit 217 m Länge und 247 m Höhe in
Mexiko-Stadt; Weltrekord Longline mit 610 m Länge in China.

MONICA GAGLIANO

PFLANZENFORSCHERIN

STILLE IST DER RAUM
UNENDLICHER MÖGLICHKEITEN

Jeder, der einen Spaziergang am Strand entlang oder durch den Wald unternimmt, stellt fest, dass diese Orte einen nach einer Weile dazu auffordern, jeglichen Lärm wie Sprechen oder Denken einzustellen und immer mehr in die Natur, in das, was gerade ist, und in die Stille einzutauchen. Eine Stille, die immer als Hintergrund da ist, auch wenn es manchmal nicht so scheint.

Wir wurden von unseren Ausbildungssystemen darauf vorbereitet, stets zu berechnen, was passieren sollte. Dies ist ein kognitiver Vorgang, auf das beschränkt, was wir bereits wissen. Ich habe mich früher mehr auf Ergebnisse und Daten konzentriert als darauf, einem anderen Lebewesen ohne vorgefasste Meinung zu begegnen. Bis ich dann die Wichtigkeit der Stille in meinen eigenen Forschungsarbeiten entdeckte, indem ich mich zurücknahm und der Stille, diesem Raum mit unendlichen Möglichkeiten, gestattete, das zusammenzuführen, was zusammengeführt werden muss. Alles ist ja bereits da.

Ich fing eine Forschungsstudie mit Erbsen an, nach den Pawlow'schen Lerntheorien, um herauszufinden, ob Erbsen in der Lage sind, assoziativ zu lernen. Ich verwendete dieselben Stimuli wie Pawlow in seinem berühmten Experiment mit den Hunden: Nahrung, in diesem Fall Licht für die Pflanzen, und eine Glocke, die in meinem Fall ein kleiner Ventilator war, der immer kurz vor dem „Essen" lief. Würden die Pflanzen sich nach einer Weile von selbst rühren, um Nahrung zu bekommen, wenn der Ventilator anging? Hunde haben Gehirne, was es Menschen leichter macht, die Möglichkeit zu akzeptieren, dass sie lernfähig sind. Mit Pflanzen hielten wir das bisher für unmöglich, da sie eben nicht über dieses Gehirn verfügen.

Ich richtete das Experiment ein, und innerhalb der folgenden beiden Wochen schien gar nichts zu passieren. Ich versuchte, das zu akzeptieren, und ging zur Universität, um mein Labor abzubauen. Der Raum war abgedunkelt, und irgendetwas in mir forderte mich sehr streng auf, noch einmal einen Blick auf die Erbsen zu werfen. Und plötzlich sah ich, dass es sehr wohl funktioniert hatte und dass nur mein auf „unmöglich" gedrillter Geist nicht in der Lage gewesen war, es zu erkennen. Sie wuchsen in Richtung des Ventilators, was bedeutet, dass sie sich vorstellen konnten, dass die Nahrung kommen würde. Die Verknüpfung mit dem Ventilator wurde ein Konzept in ihrem Verstand. Erst als ich all meine Erwartungen aufgegeben hatte und den Raum für die Stille öffnete, sah ich, was wirklich war.

Sie tun etwas ganz Ähnliches wie wir, aber sie kommen auf ganz anderen Wegen dorthin. Das sollte uns dazu inspirieren, sie wie Lebewesen zu behandeln, statt sie nur wie Objekte zu benutzen. Herauszufinden, wo im Körper sie Erinnerungen speichern und wie sie es tun, wird der nächste Schritt sein.

Mich interessiert auch der akustische Teil der Pflanzenkommunikation. Den meisten Menschen erscheint es ganz normal, sich mit ihren Haustieren zu unterhalten und sich gegenseitig nonverbal zu verstehen. Aber Pflanzen?

Es gibt in jeder indigenen Kultur Geschichten über Menschen, die das Gras wachsen hören und sprechenden Pflanzen zuhören. In allen Kulturen kennen wir Märchen, in denen ein weiser Baum dem Helden Rat gibt. Natürlich muss man das metaphorisch verstehen. Unsere Sprache mag dafür nicht geeignet sein und auch nicht das Zuhören mit den Ohren. Es ist ein Hören mit dem gesamten Sein. Es ist, als würde man sich dabei ertappen, wie man ein Lied singt, das nicht von einem selbst kommt.

Wir haben die Fähigkeit verloren, wirklich zuzuhören, und mit ihr ein tiefes Verständnis von Verbindungen. Wenn wir voller Empathie mit unserem ganzen Sein zuhören, was andere Wesen zu sagen haben, wenn wir uns für diese sprechende Stille öffnen, dann wird vieles möglich. Es wird möglich, wenn man dem Raum zwischen zwei Wesen zuhört: Um was dreht sich das Gespräch? Was soll gesagt werden? Sich für dieses Feld jenseits der Worte zu öffnen heißt, sich für unendliche Möglichkeiten zu öffnen.

Ich wollte eine wissenschaftliche Erklärung, einen Zugang finden, um den Menschen die faszinierende Sprache der Pflanzen auf seriöse Weise näherzubringen.

Wir fanden heraus, dass Pflanzen Geräusche machen, ohne dass sie angefasst oder verschoben werden. Bei Mais konnten wir eine Frequenz von zweihundert Hertz messen, was in unserem menschlichen Hörspektrum von zwanzig bis zwanzigtausend Hertz durchaus wahrnehmbar ist. Die Geräusche entstehen in den Wurzeln. Wir schicken Laserstrahlen hinunter, die ankommen und zurückgeschickt werden. Wenn sich die Oberfläche nicht bewegt, kommt der Strahl mit wenig Verlust zurück. Doch wenn sie vibriert, kommt er entsprechend verzerrt zurück. Dann können wir diese Verzerrung übersetzen, über Lautsprecher verstärken und die Klicklaute, wie wir sie nennen, hörbar machen. Man muss sehr leise sein, um sie wahrzunehmen. Bisher wissen wir weder, was die Laute erzeugt, noch, wo die Ohren der Pflanze sind.

Wissenschaft ist nur eine Methode, um die Welt zu erfahren. Die eigentliche Arbeit geht dem Experiment lange voraus. Das Resultat ist dann mehr wie das Ende einer langen Reise, das wir dank der Methode mit anderen teilen können. Manche dieser Reisen können unser Denken völlig verändern.

Ich werde demnächst zu einer 39-tägigen Retreat nach Mexiko aufbrechen. Diese Zeit werde ich in völliger Dunkelheit und Stille verbringen. Ein bisschen ist das so, wie eine Pflanze zu werden, die einfach das macht, was die Umstände von ihr erfordern, ohne große Geschichten darumzubauen.

Das habe ich von Pflanzen gelernt: Vertraue und hör auf, dich zu sorgen. Deine Sorgen erzeugen nur Lärm, der dich für die Geschenke des Lebens taub macht. Die Stille hat mich gelehrt, dass unglaubliche Dinge passieren können, wenn ich es zulasse.

Monica Gagliano verändert mit ihrer Forschung unsere Wahrnehmung von Pflanzen und der Natur radikal. Von ihren persönlichen Erfahrungen in der Natur und mit indigenen Stammesältesten aus vielen Teilen der Welt inspiriert, leistet sie Pionierarbeit in der Erforschung der Bioakustik von Pflanzen. Sie konnte beweisen, dass Pflanzen Geräusche um sich herum erkennen und auf sie antworten. Außerdem zeigten ihre Experimente, dass Pflanzen in der Lage sind zu lernen, und damit entfachte sie eine neue Diskussion über unsere Wahrnehmung und den ethischen Wert, den wir Pflanzen beimessen.

Ihre ganzheitliche, progressive Herangehensweise an wissenschaftliche Erkenntnisse berührt auch ganz andere Bereiche wie Ökologie, Physik, Recht, Anthropologie, Philosophie, Literatur, Musik, Kunst und Spiritualität. Indem sie uns neu zum Staunen über die Schönheit der Schöpfung bringt, schafft sie kreative Räume für innovative Problemlösungen. Im Moment ist sie außerordentliche Professorin und wissenschaftliche Mitarbeiterin des Forschungsrats der University of Western Australia.

MARTIN SCHLESKE

GEIGENBAUER

STILLE IST VERTRAUEN

Stille ist ein seelischer Vorgang. Jeder Mensch hat die Aufgabe, seine Seele zu stillen. Stille zu suchen ist das Wesen der Spiritualität – zu sagen: Ich bin da, ich bin empfänglich. Ihr tiefstes Wesen ist Vertrauen – ein tiefes Aufgehobensein.

Morgens brauche ich diese Stille fast wie ein Lebenselixier. Dann gehe ich tief erfrischt an die Arbeit, mit dem Vertrauen, dass das, was dann an der Werkbank passiert, geführt ist.

Es ist ein wichtiger Teil meiner Arbeit, darauf zu vertrauen, dass die Hände das Richtige machen, die Ohren ganz im Klang sind, der Geist ganz präsent ist und ich spüre, was ich tun soll.

Bei mir in der Werkstatt ist es wichtig, dass die Mitarbeiter nicht beim Arbeiten reden. Das ist schon beim Einstellungsgespräch Thema. Die Arbeit würde sonst nebenbei gehen und die Aufmerksamkeit würde mit den Gesprächen geteilt werden. Es ist aber wichtig, das Holz und das Werkzeug zu hören, und es ist unglaublich schön, das Werkzeuggeräusch der anderen, die Arbeit der anderen zu hören.

Durch die Konzentration in jedem Arbeitsgang entsteht eine ganz intensive Beziehung zum Instrument. Wenn ich in der Stille einen Modus des Vertrauens finde, dann ist kein Raum mehr für Angst und Stolz, denn das sind große Störquellen, wenn man versucht zu spüren, was das Instrument jetzt braucht.

Das merkt man auch im Klang des Instruments. Wenn ich ängstlich herangehe, gehe ich nicht weit genug. Oder wenn ich stolz und voller Ehrgeiz herangehe, dann laufe ich Gefahr, mehr aus dem Holz herausholen zu wollen, als es erlaubt. Dann spüre ich nicht, was das Holz ermöglichen kann.

Stille ist also auch wie ein Reinigungsprozess. Mich zu reinigen davon, zu viel zu wollen oder unter meinen Möglichkeiten zu bleiben.

Kenntnis und Erfahrung entstehen mit der Zeit. Jemand, der immer nur die Dinge tut, die er weiß, der bewegt sich nie in den instabilen Raum, in dem er Erfahrungen machen kann. Das heißt, wenn ich ein Problem auf der Werkbank habe, dann kann ich mich nicht auf mein Wissen berufen, sondern muss darauf vertrauen, dass meine Hände geführt sind. Aus Inspiration oder Intuition passieren plötzlich Dinge, die ich nicht erwartet habe und bei denen ich sagen muss: Ich hab's nicht gewusst, aber es ist das Richtige passiert.

Die Liebe zur Stille ist unerlässlich in der Musik und beim Musikhören. Alle großen Musiker wissen um deren Bedeutung. Die ganze Welt ist ins Leben gesungen. Wir Menschen sind Manifestation von Klang und Schwingungen, alles hat eine Frequenz.

Am stärksten hat sich in den letzten zwanzig Jahren meine Fähigkeit zu hören entwickelt. Wer nicht gut hört, wird viel schneller zufrieden sein, doch ich finde, Zufriedenheit ist ein hochgradig unkreatives Lebensgefühl. Ich brauche

Dankbarkeit. Durch sie schließe ich Frieden mit meiner Unzufriedenheit. Ich akzeptiere, dass ich da bin, wo ich bin, ich akzeptiere meine Unvollkommenheit und dass alles vorläufig ist.

Der Moment, bevor ich ein Instrument dann zum ersten Mal höre, ist sehr aufregend. Ich ziehe sofort die Saiten auf, will gleich wissen, was da los ist, und nach drei, vier Tönen, immer auf der G-Saite, weiß ich, was die ganze Geige kann. Dann verspüre ich entweder große Euphorie oder Enttäuschung. Ist sie gut geworden, dann ist es wie eine Sucht nach dem Klang. Ich lege sie weg, muss sie gleich wieder nehmen und spielen, immer wieder. Das ist dann eine große Freude und ja auch das Ziel: ein Instrument der Freude gebaut zu haben.

Gerade beendete ich die Arbeit an einer Geige, für die mir ein Kunde ein Stück eines Kauristammes brachte, der 50.000 Jahre lang in einem Moor in Neuseeland eingeschlossen war, in völliger Stille. Vor 50.000 Jahren sind die ersten Musikinstrumente entstanden, also der Mensch schuf erstmals etwas, das nicht nur zum Überleben diente, sondern um der Schönheit willen hergestellt wurde. Die Geige aus diesem Holz ist wirklich sehr eigen geworden, im Klang ebenso wie durch ihre charakteristische Maserung.

Martin Schleske wurde 1965 in Stuttgart geboren und absolvierte seine Ausbildung an der Staatlichen Geigenbauschule Mittenwald. Danach studierte er Physik in München. Seit 1996 betreibt er eine eigene Meisterwerkstatt für Geigenbau (Schwerpunkt Neubau) mit Akustiklabor im Raum München.

Seine Instrumente werden von international konzertierenden Solisten und Konzertmeistern renommierter Orchester gespielt. Etwa 30 Instrumente der Solistenklasse (Geigen, Bratschen und Violoncelli) verlassen jedes Jahr das Meisteratelier.

Martin Schleske ist regelmäßig Referent bei Gastkursen über angewandte Geigenakustik und auf internationalen Symposien für musikalische Akustik. Seine beiden Bücher „Der Klang" (2007) und „Herztöne" (2016) wurden zu Bestsellern.

PETRA & MICHAEL MAYER

INHABER DER MAYERSCHEN
HOFKUNSTANSTALT

STILLE IST SELTEN UND WERTVOLL

In der Stille sind die Gegensätze geeint, die uns sonst polarisieren. Licht und Schatten, Stolz und Demut können sich darin selbstverständlich begegnen. Ich fühle mich in der Stille sehr bei mir. Das Gegenteil ist, außer mich zu geraten, sei es in Resignation, Unzufriedenheit, Trauer oder Wut. Stille ist selten und wertvoll.

Im Laufe der Jahre lernte ich, mich stärker in meinem Körper wahrzunehmen, mich zu Hause zu fühlen und auf das Zerren von außen nicht sofort zu reagieren. Das Erlebte und Erfahrene verhilft mir zu mehr Gelassenheit.

Ein kluger Kunstprofessor, der hier glasmalte, wuchs auf einer Burg auf. Er erzählte mir, er habe es als Kind sehr genossen, immer aus der kleinsten Schießscharte zu schauen, nicht aus den großen, üppigen Fenstern, weil er die Landschaft dann klein und gerahmt sah. Ich bewege mich ähnlich durchs Leben, suche mir gerne einen Ausschnitt, den ich gezielt erforsche, dann weitere, dann setze ich diese Bilder als großes Ganzes zusammen. Eine Art Mosaik, für dessen einzelne Betrachtungsräume ich Stille brauche.

Wir erschaffen gemeinsam mit den Künstler-, Kunden- und Mitarbeiterpersönlichkeiten wundervolle Mosaik- und Glaskunst-Werke. Es liegt eine Kraft darin, die Stofflichkeit zu übertragen, in der die Lebendigkeit des Materials, die Lichtbrechung der Oberflächen und die intensive lange Schaffenszeit spürbar werden. Am Ende ist es wie ein verfestigtes Chaos, das aus all diesen einzelnen Steinen und Schritten, in ungezählten Farben, in ungezählten Schachteln, seit Ewigkeiten aufbewahrt, immer aufs Neue auf dem Hackstock zurechtgesplittert und zusammengefügt wird.

Geduld für diese langsamen Arbeitsprozesse lernte ich hier in unserem alten Haus. Darüber lernte ich auch die Vorfreude wieder schätzen. Ich verbringe viel Zeit im Haus, in Räumen, in denen Entwicklungen so lange dauern dürfen, wie sie eben brauchen. Ein eigener Mikrokosmos im Zauber von Kunst und Verwandlung. Die schnell konsumierende Welt da draußen wird mir zunehmend fremd.

Ich liebe Geschwindigkeit, fuhr früher schöne, schnelle Autos und genoss diesen Rausch, fast abzuheben. Doch die Geschwindigkeit, die ich heute in der Welt erlebe, hat nichts von dieser Faszination. Es ist zusammenhangslose Hektik, der tiefe Unzufriedenheit zugrunde liegt. Entkoppelte Schnelligkeit, bei der ich mich frage: wozu?

Ich wuchs am Rande eines alten Mischwaldes auf. Es gab keinen Tag, an dem ich nicht im Wald war. Mein leicht exzentrischer Urgroßvater zeigte mir täglich die unsichtbaren Hexen, Geister, Feen und deren Reiche. Das war eine ganz natürlich existierende Welt für mich.

Dieser Wald lebt in mir als Rückzugsort und kann mir überall Stille schenken. Der Modergeruch, die Fäulnis, der Tod, die Schatten gehören genauso dorthin wie betörende Düfte, flatternde Wesen, flirrende Lichtspiele.

Im Wald dürfen – wie in der Stille – die Gegensätze einfach nur sein.

Petra Mayer

STILLE IST, SICH IN DEN GROSSEN FLUSS HINEINFLIESSEN ZU LASSEN

Wenn die Nervosität und Umtriebigkeit des Alltags aufhört, erscheint die davon überlagerte Stille. In der Stille kann ich hinhören, was mich antreibt, wohin ich will, was ich wirklich benötige, und all den leisen Tönen lauschen, die der Lärm normalerweise verdrängt.

In unserer Dependance in New York, dieser Stadt, die so hochenergetisch, laut und hektisch ist, fällt es mir viel schwerer, bei mir zu bleiben oder die leisen Dinge um mich herum wahrzunehmen. Anders als in der Natur, wo die Stille sofort in mich dringt und mich mit einem größeren Ganzen verbindet.

Stille ist, sich in den großen Fluss hineinfließen zu lassen. Sie hilft mir, mich weg von den Anforderungen auf das Wesentliche zu konzentrieren, auf das, was eine Situation gerade wirklich benötigt: mich nicht ablenken zu lassen, die beste Lösung anzustreben, nicht die günstigere; bei der Liebe für die Sache und im Bewusstsein für die Qualität zu bleiben.

Mosaik und Glaskunst haben sich als Handwerk seit dem Mittelalter kaum verändert, sehr wohl aber die weiterentwickelte Ausrüstung. Es stecken manchmal hundert Stunden Arbeit in einem Quadratmeter Mosaik oder Glasmalerei. Viele können sich diese langsamen Entstehungsprozesse nicht vorstellen. Auch in der Entwicklung von der Idee bis zur möglichen Umsetzung ist das schwierig. Manche Kunden erwarten erste Vorschläge bereits nach wenigen Tagen und ich muss sie auf Monate vertrösten. Denn so lange braucht oft der Prozess, bis er völlig durchdacht ist, bis die Arbeit an ihren Ort passt: wir gehen zuerst in ein Ausschlussverfahren, wagen es, zu entwickeln, zu verwerfen, wieder zurück-zugehen, uns im Kreis zu drehen, weiterzugehen, vielleicht neue Maschinen, neue Techniken zu erfinden.

Ich bin jetzt die fünfte Generation in unserem Familienunternehmen. Über die unzähligen Impulse, mit denen all die Künstlerpersönlichkeiten und Auftrag-geber hierherkommen und wir gemeinsam auf Antwortsuche gehen, haben wir uns mit jedem Projekt weiterentwickelt. Das Schaffen eines Menschen sollte qualitätsbezogen sein, um einen zeitlosen Wert hervorzubringen: etwas, das man gerne erhalten möchte auch in den nächsten Generationen. Mittel-mäßige oder lieblos hergestellte Dinge werden aussortiert. Man kann etwas Besonderes nur mit größtmöglicher Sorgfalt machen.

Am Anfang lasse ich die Idee eines Künstlers vor dem eigenen inneren Auge entstehen und finde dann heraus, was und wen man wie für diese Realisation zusammenführen könnte.

Wenn du am Ende eines großen Projekts, nach oft schweißtreibenden Jah-ren, dastehst, die Arbeit besonders gut gelungen ist und alle sich daran erfreuen, dann ist es befreiend: Wenn man Orten eine neue Seele gegeben hat, die den Menschen dann an diesem Ort begegnet und sie erfreut, ohne dass sie es bewusst merken … oder sie zum Nachdenken angeregt werden – das entschädigt für alle Hürden und schlaflosen Nächte davor.

Als Kind habe ich bewusstes Atmen erlernt, das hilft mir immer wieder, Stille in mir zu finden. Wenn ich damals die Augen schloss, gab es in meinem Kopf zuerst das wilde Bild eines elektrischen Stroms, das binnen Sekunden zu einer geraden Linie wurde. Wenn ich heute abends die Kinder ins Bett bringe, wir gemeinsam in eine andere Geschichte eintauchen und uns dabei von all den Tageseindrücken entfernen, so ist es wie das schnelle Umschalten des wilden elektrischen Stroms in eine klare, gerade Linie.

Wir nehmen uns zu selten Zeit, die Stille zu suchen, Zeit, Dinge zu verarbeiten. Wir lenken uns ab mit virtuellen Bildern, mit leeren Informationen, anstatt unsere Gedanken einmal wieder frei und ins Leere laufen zu lassen.

Michael Mayer

Michael und Petra Mayer leiten die Mayersche Hofkunst-
anstalt/ Mayer of Munich, die Künstlerwerkstätte für Glasmalerei und Mosaik, in der 5. Generation. 1847 gründete
Josef Gabriel Mayer die „königl. bayrische Kunstanstalt" mit
weltweiten Handelsbeziehungen und 500 Mitarbeitern.

Michael (geb. 1967) begann seine Mitarbeit 1990 als Meister-
Mosaizist und übernahm 1996 gemeinsam mit seinem Vater
Gabriel die Geschäftsleitung. Petra (geb. 1964), Architektin,
lebt seit 1994 im Stammhaus am Stiglmaierplatz. Seit 2014
führt das Ehepaar gemeinsam das geschichtsträchtige Haus
mit 40 Mitarbeitern für eine renommierte Künstlerschaft,
private und öffentliche Kunden und Institutionen.

Dabei entstehen architekturbezogene Werke wie die Glas-
Kunst für Ellsworth Kellys „Austin" (Texas), das Mosaik-Relief
für Ann Hamiltons „Chorus" im One World (Trade) Center (NYC
Subway) oder das Glas-Portal der Herz-Jesu-Kirche (München).

POPPY SZKILER

GRÜNDERIN UND GESCHÄFTSFÜHRERIN
VON QUIET MARK

STILLE IST EIN KURZURLAUB IM WAHREN REICHTUM DES LEBENS

Man muss nach Stille suchen, sie wie einen Schatz bewachen und den exzessiven Krach und die Forderungen der umgebenden Welt ausschalten. Denn Stille ist für mich ein Kurzurlaub im wahren Reichtum des Lebens. Stille ist die Quelle des Lebens. Wenn du sie findest und darin zur Ruhe kommst, findest du Geniales.

Meine Firma entstand in einer Phase, in der ich lange Zeiträume in leidenschaftlicher und reflektierter Stille verbrachte und, immer ein Notizbuch in der Hand haltend, mein Leben neu konfigurierte. Bis heute sitze ich jeden Morgen da, solange ich nur kann, und höre der leisen, kleinen Stimme der Ruhe zu, die mein Rettungsanker ist. Ohne sie kann ich gar nichts tun. Bevor der Terminkalender ruft mit all seinen Orten und Dingen, versuche ich einfach nur dazusitzen und zuzuhören.

Es gibt Familien, die über Generationen Schneider sind oder Ärzte. Meine Familie scheint die Lärm-Reduzierungs-Familie zu sein, und das, obwohl wir ziemlich starke Charaktere sind. Mein Großvater gründete 1959 die „Noise Abatement Society", die „Gesellschaft zur Verminderung von Lärm", nachdem er das Lärmschutzgesetz im britischen Parlament durchgebracht hatte. Dank seines Einsatzes ist Lärm erstmals gesetzlich als eine Form von Umweltverschmutzung und Belästigung anerkannt worden.

Meine Mutter Gloria, CEO der Gesellschaft, folgte in seinen Fußstapfen. Als Kind und Jugendliche hatte ich überhaupt nicht auf dem Schirm, was meine

Eltern und Großeltern machten. Aber es gibt ja diese wichtigen Momente im Leben, die uns zu einem totalen Richtungswechsel bringen. Ich hatte so eine Offenbarung mit dreißig und beschloss, die Richtung meines Lebens tief greifend zu ändern. Und so gründeten meine Mutter und ich vor acht Jahren an ihrem Küchentisch *Quiet Mark*.

Wir fordern Firmen weltweit dazu auf, neben gutem Design auch Lärmreduzierung bei Alltagsgeräten Vorrang zu geben und Lösungen zu geringerer Lärmbelästigung zu Hause, an unseren Arbeitsplätzen und in der Umwelt zu finden.

Unsere Experten testen verschiedene Geräte auf ihren Lärmausstoß und überprüfen die Herstellerangaben. Die Geräte, die bei Gewährleistung bester Funktion die leisesten sind, werden mit unserem Auszeichnungssymbol, dem *Quiet Mark*-Gütesiegel, ausgezeichnet, um die Kaufentscheidung zu erleichtern. Das ist eine wertvolle Hilfe für Leute, die in Großraumbüros arbeiten, für beschäftigte Familien, für den Nachtgebrauch, für Menschen mit Hörempfindlichkeiten, bei Autismus oder Demenz und generell für die Gesundheit und das Wohlbefinden aller.

Wir leben in einer Zeit der sensorischen digitalen Überlastung, ständig und überall umgeben von technischem Rauschen, das immer „an" ist. Diese Geräusche beeinflussen unsere Gehirnwellen, unseren Puls, unsere Atmung, unsere Hormonproduktion und all unsere körperlichen Rhythmen. Die Abhängigkeit von der Technik erschöpft uns und erfordert dringend einen Ausgleich. Und hier beginnt die Suche nach Ruhe, der Weg zur Stille.

Oft nehmen wir die Klangschichten technischer Geräusche, die uns den ganzen Tag umgeben, nur unterbewusst wahr, weil Lärmverschmutzung unsichtbar ist. Dennoch wirkt sie sich ständig auf uns aus. Sie strengt uns an und fordert ihren Tribut von unseren Körpern. Stille füllt uns wieder auf, sie senkt den Blutdruck, vermindert Stress und stabilisiert die Herzfrequenz. Sich für möglichst leise Geräte zu entscheiden heißt daher, Fürsorge für sich selbst zu tragen.

Das vermehrte Arbeiten in Großraumbüros bringt es mit sich, dass Geräusche ihre Schwingungen weiter verbreiten können. Technik, die möglichst weit in Einklang mit der Natur steht, ist gerade für solche Umgebungen lebenswichtig. Wir können unsere Häuser und unsere Arbeitsplätze zu erholsamen, lebensspendenden Orten machen. Ganzheitliches Design könnte die Natur nach drinnen holen, Räume durch harmonische Klanglandschaften und akustisch dämpfende Hilfsmittel beruhigen und damit unsere Leistungsfähigkeit und innere Ruhe unterstützen. Technik, die nicht mit Piepen, Summen und Rauschen nervt, sondern heilsame Klänge hervorbringt.

Wenn wir mehr Verständnis oder vielmehr ein Erwachen dafür bewirken können, dass es eine essenzielle Notwendigkeit ist, moderne Geräte mit solchen Klängen auszustatten, um nicht weiter Raubbau an unserer Gesundheit zu betreiben, könnten zum Beispiel Waschmaschinen am Ende des Waschgangs Vogelzwitschern von sich geben, Türklingeln könnten statt schriller Töne Harfenklänge spielen, Kaffeemaschinen müssten beim Bohnenmahlen keine dramatischen Ausbrüche mehr bekommen.

Es gibt ein noch völlig unentdecktes Universum an Möglichkeiten, wenn die Kraft des Klangs im Dienst der Stille steht.

Das Messen in Dezibel erlaubt dabei keine wirkliche Aussage über den Klang. Ja, es ist die Maßeinheit, die für Lautstärke genutzt wird. Doch das ist wie die Temperatur einer Suppe: Man kann sie erhitzen oder einfrieren, was jedoch nichts über die Zutaten oder den Geschmack aussagt. Dezibel-Messungen geben nur einen einzigen Aspekt von Klang wieder, der so viel komplexer ist.

Wir haben eine Leitlinie für Architekten, Designer und Entwickler verfasst, um den kommerziellen Bereich mit ganz praktischen, leicht erreichbaren und überprüften akustischen Lösungen auszustatten und zu unterstützen. Wir alle haben die Verantwortung für die Gesundheit der nächsten Generation.

Lärmverschmutzung ist ein großer, unsichtbarer Umweltschaden, den wir nur gemeinsam aufräumen können. Wenn wir leisere Geräte herstellen und kaufen, die Wichtigkeit von Stille begreifen und uns selbst mehr Ruhezeiten nehmen, um uns wieder aufzuladen, dann nehmen wir eine große Last von unserer Gesellschaft.

Ich könnte nicht im Lärm leben. Meine tiefe Erfahrung mit Klang führte längst zu der Entscheidung, mein tägliches Privat- und Arbeitsleben in einer ruhigen, nährenden Umgebung zu führen. Mein Leben ist heute viel leiser als früher, und ich bin viel glücklicher. Ich habe das Wunder der Heilung durch Stille erfahren.

Mit meiner Harfe habe ich eine Möglichkeit zu sehr ungewöhnlichen Klangreisen gefunden. Dieses Instrument birgt ein Wunder, das mich tief berührt. Die Begegnung in der Stille von Harfe zu Herz oder Herz zu Herz.

Poppy Szkiler ist Gründerin und Geschäftsführerin von *Quiet Mark*, einer gemeinnützigen Organisation, deren Gütesiegel besonders leise Geräte auszeichnet. Seit der Gründung von Quiet Mark 2012 war die positive Resonanz überwältigend und bis heute haben sich über 100 der führenden Marken weltweit dem Ziel angeschlossen, jedem Haushalt ein verlässliches Qualitätskriterium an die Hand zu geben, welcher Geschirrspüler, welches Gartengerät oder welches Auto am wenigsten Lärmbelästigung erzeugt. Diese wurde von der WHO als zweitgrößte Bedrohung der menschlichen Gesundheit nach der Luftverschmutzung eingestuft. Auch in Deutschland schließen sich immer mehr Unternehmen der Bewegung an.

PETER ZUMTHOR

ARCHITEKT

STILLE IST FÜLLE

Die Stille ist etwas, das mich umgibt, die Ruhe ein Gemütszustand. Ich kann also ruhig sein, obwohl ich vom Lärm einer Großstadt umgeben bin oder mich in einer Bahnhofshalle befinde. Räumliche Stille ist für mich eine der schönsten Arten von Stille. Wenn ein Raum in seiner Stille alles Schöne erfahrbar macht.

Die Leute sagen meinen Arbeiten eine gewisse Aura nach, die immer ähnlich sei, obwohl man sie nicht an der Form festmachen kann, weil ich für jedes Gebäude eine eigene Grammatik und ein eigenes Vokabular entwickle. Nichts steht vorher fest, kein Detail, nichts. Alles entsteht jedes Mal neu. Wahrscheinlich mache ich etwas, was mir gefehlt hat, wer weiß? Es gibt da dieses Bedürfnis nach ruhigen Räumen in mir, wahrscheinlich ein Bedürfnis nach Geborgenheit.

Ich denke meine Räume aus der Stille heraus. Es ist bei meiner Arbeit wie beim Schreiben eines Buches oder einer Musik. Irgendwo muss es beginnen zu klingen und ein inneres Bild entstehen. Dann betrachte ich, was das Bild alles enthält. Kommt es aus einem Gefühl der Spannung oder der Ruhe? Wie setzt es sich mit dem Ort auseinander? Sind da schon Materialien? Es ist meist schon etwas vor Ort vorhanden, was mich elektrisiert und eine Entwurfsaufregung in Gang setzt.

Im Kern steht der Raum, und dieser Raum entsteht für einen bestimmten Gebrauch. Es ist eine ganzheitliche und geheimnisvolle Geschichte, sich etwas komplett vorzustellen.

Wenn ich ein Werk angehe, habe ich zunächst auf einer formalen Ebene ein Thema, das sehr klar und trotzdem immer wieder zu revidieren sein muss oder Zufälligkeiten Raum gibt, die eine Veränderung erfordern. Also zum Beispiel: Ich baue ein Thermalbad in den Bergen ausschließlich mit den vor Ort vorkommenden Steinen und Wasser. Jeder Ort hat einen klaren Rahmen, und man braucht Klarheit darüber, was das Gebäude an diesem Ort will, wie es wirkt, ob es den Ort mag und froh ist, ein Teil davon zu sein. Dieses Thema wird dann mit tausend anderen Sätzen angereichert, wie zum Beispiel: Die Menschen sollen würdevoll darin aussehen …

Natürlich gibt es auch technische Details und Voraussetzungen, die stimmen müssen. Ich habe Ideenblitze wie: *Oh, es wäre schön, wenn ich es hinbekäme, dass das Glitzern des Wassers von der Decke reflektiert würde* … Alles ist in Bewegung, bis ich zur Vorstellung der Atmosphäre darin gelange. Welche Klangeigenschaften hat der Raum? Wie klingt die Stimme in den Materialien und Proportionen? Ich habe eine leise Stimme und mag Räume, in denen ich mich nicht anstrengen muss, um gehört zu werden. Welche Temperatur hat der Raum? Wie ist die Spannung zwischen außen und innen? Wie fühlt man sich darin?

Die Ideen kommen aus einer biografischen Tiefe. Wir haben alle viel erlebt und reflektiert, oder erlebt und nicht reflektiert und über Dinge gelesen und nachgedacht, die wir nicht gelebt haben. All das ist wie ein fruchtbarer Nähr-boden, ein großer Humus für meine Arbeit.

Natürlich muss man Räume und Städte dazu sehr lieben. Und das, was man liebt, schaut man genau an. Immer wieder, gründlich und gern, und je öfter und je länger man Dinge studiert, desto vielfältiger und geheimnisvoller werden sie.

Ich bin sehr neugierig, mich interessiert fast alles. Ich habe immer einen Bleistift dabei, um mir Notizen von flüchtigen Inspirationen und Gedanken machen zu können, die mir beim Lesen eines Satzes kommen, beim Hören eines Musikstücks, unter der Dusche, beim Betrachten eines Schattens auf einer Oberfläche … eigentlich überall. Überall ist Nahrung.

Meine Gebäude sind keine Gebäude, dies es schon vorher gab. Nicht, weil ich etwas Einmaliges erschaffen will, sondern weil sie als Antworten auf die verlangten Themen jedes Mal neu entwickelt werden.

Wir arbeiten hier in Gruppen. Es ist vielleicht wie bei einem Komponisten, der sehr gute Solisten um sich braucht, die Freude daran haben müssen, an seinen Kompositionen zu arbeiten. Diese Hilfe brauche auch ich, und ich bin sehr froh, dass ich mit wunderbaren Talenten zusammenarbeiten kann. Ich konnte mittlerweile viele Erfahrungen sammeln und mit diesen gehen wir in die verschiedenen Prozesse. Manchmal weiß ich ein halbes Jahr lang, dass etwas nicht stimmt, und wir müssen dennoch erst weiterarbeiten und weitere Fehler machen, bis ich plötzlich sehe, was es ist, und dann wird es ganz einfach.

Es ist eine langwierige Arbeit, solche Originale zu erschaffen. Doch schließlich sind sie so, wie sie mir gefallen, und das bedeutet, dass sie Stille in sich tragen. Es macht mich sehr glücklich und es ist ein großes Geschenk, Räume erschaffen zu können, die gut für die Menschen sind.

Die meisten öffentlichen Räume, in denen wir uns bewegen, sind kommerzielle Räume, für die solche Gedanken nicht angestellt werden. Ich glaube, die Menschen, die für Schönheit, Ruhe und Stille empfänglich sind, sind eine kulturelle Minderheit. So nehme ich es jedenfalls wahr.

Ich stelle mir vor, wie es wäre, wenn man in der Schule das Fach Geografie, die ja etwas mit Raum und Ort zu tun hat, anders lehren würde. Statt Orte, Grenzen und Flüsse abzufragen, könnte man sich mit der Frage beschäftigen, was ein Ort ist. Welche Orte bedeuten uns etwas und warum? Sind dann diese Orte schön? Wann ist etwas schön? Warum ist etwas schön? So könnte man das Bewusstsein für das schärfen, was uns umgibt.

Stille erlebe ich als Fülle, als Reichtum. Ob hier zu Hause, im Wald, auf einer Wanderung, jeweils mit den spezifischen Geräuschen, die dort hingehören und keinen Widerspruch zur Stille darstellen. Wenn ich mit geliebten Menschen zusammen bin, aber auch in der Anonymität einer großen Bahnhofshalle wie in Zürich. Obwohl sie voller Lärm ist, fühle ich mich unbeobachtet, gelassen und aufgehoben unter den vielen Leuten im Raum. Als ob, in der Extremform, eine innere Zentriertet die äußere Unruhe ausgleicht.

Peter Zumthor, geboren 1943 in Basel, arbeitet mit rund drei Dutzend Mitarbeitern in seinem Atelier in Haldenstein in der Schweiz, wo er architektonische Originale wie das Kunsthaus Bregenz, die Therme Vals, das Kolumba Museum in Köln oder das Steilneset Memorial in Vardø entwirft.

NINA KRAVIZ

PRODUZENTIN
KÜNSTLERIN
DJ

STILLE IST DAS GEGENSTÜCK
ZU VOLLER LAUTSTÄRKE

Stille ist manchmal Ruhe, Frieden, Erholung. Sie kann aber auch Schmerz, Angst oder Einsamkeit sein.

Ich bin in Sibirien aufgewachsen, und als ich zwölf Jahre alt war, hatte ich eines meiner tiefsten Stille-Erlebnisse. Ich war in der Nähe meines Elternhauses auf dem Land, in einer dieser Holzhütten, die Menschen Schutz vor der rauen Winterkälte bieten. Dort erlebte ich eine so tiefe, dunkle Stille, dass es mir Angst machte. Alles war erfüllt von dem, was wir normalerweise wegzudrücken versuchen: Stille, Dunkelheit, Angst vor dem Tod.

Ich bin mit der Welt zuallererst über das Hören verbunden, dann über das Riechen und das Sehen. Schon als Kind liebte ich es, Musik so laut wie nur möglich zu hören. Dieser Genuss, mit dem ganzen Körper zu hören! Ich entspreche absolut dem cholerischen Typ aus dem Vier-Typen-Modell nach Hippokrates: cholerisch, emotional und ausdrucksstark. Ich liebe Adrenalinhochs und Erschöpfung.

Ich möchte die Leute in einem guten Sinn auspowern, sodass sie totale Befreiung und Erlösung empfinden. Wenn ich eine tolle Platte gefunden habe und an einem neuen Set arbeite, kann ich es kaum erwarten, es zu spielen.

Musik ist viel Gehirnarbeit und gut mir ihr mit zu spielen erfordert eine Menge Wissen. Wenn man eine gute Idee hat, braucht es nicht viele Elemente, um sie zusammenzusetzen. Am Ende kann es ganz einfach, aber gehaltvoll sein;

darin liegt die Kunst der Reduktion. Es ist ein bisschen wie ein chemisches Experiment, bei dem man Salz in Wasser gibt, Kristall für Kristall, bis es eine gesättigte Lösung mit maximaler Spannung ergibt.

Ich setze Menschen lauter Musik aus, und ich muss die Musik fühlen, um die Grenze auszuloten, um die Ränder zu spüren. Manchmal setze ich einen Impuls, indem ich sehr laut spiele und dann unterbreche – das ist sehr wirkungsvoll.

Im Leben geht alles um Pro und Kontra, Minus und Plus, Loslassen und Festhalten. Indem man beides zulässt, und auch die Übergänge dazwischen, spürt man die Essenz. Erst im Fühlen der Lautstärke versteht man, was Stille ist. Sie ist das Gegenstück zu voller Lautstärke. Aber in den vergangenen Jahren wurde die Musik immer lauter und lauter. Es gibt wirklich unglaublich gute Anlagen auf Techno-Festivals, mit einem gewaltigen Sound. Und die neue Generation erwartet, dass bestimmte Frequenzen lauter als andere kommen, makellose Effekte, die die Idee von Musik in etwas Mechanisches verwandeln.

Die Art, wie die Musik selbst aufgenommen wird und wie die Stimmen hineingemischt werden, ist auch viel lauter geworden. Zu gesättigt, sodass kaum mehr Raum bleibt, um etwas Eigenes aufzubauen. Doch unsere Emotionen und unsere Kreativität sind unser einziger Hafen der Hoffnung für die Zukunft. Etwas, das Roboter nie haben werden. Ich möchte dieses menschliche Element in meinen Performances beibehalten.

Ich bin dann immer von der Energie der Menschen um mich herum angefüllt und vibriere richtig. Es braucht bestimmt zwei bis drei Stunden, bis ich wieder runtergekommen bin, und es ist nicht leicht, zur Ruhe zu kommen, wenn du dann plötzlich allein in einem Hotelzimmer bist. Um richtig abzuschalten, brauche ich Ohrenstöpsel und eine Augenmaske.

Mein Gehör ist nicht mehr so scharf, wie es einmal war. Ich habe bereits etwas an Hörfähigkeit eingebüßt und weiß als Medizinerin, dass die Gesundheit für jeden Menschen vorrangig sein sollte. Aber du kannst nur komplett aufhören oder eben weitermachen. Es ist nicht möglich, die Ohren oder die Nerven vor allem zu schützen. Wenn ich arbeite, kann ich laute Frequenzen auch gut aushalten, aber wenn ich zum Beispiel in einem Restaurant bin mit vielen Menschen und lauter Musik, fühle ich mich sofort schlecht und desorientiert. Man wird mich nie mit Kopfhörern joggen sehen, und auf meinem Smartphone ist nicht ein einziger Song gespeichert.

Tatsächlich liebe ich die Stille. Und ich brauche die Natur, um mich und mein Nervensystem wieder ins Lot zu bringen, das manchmal von meinem intensiven Lebensstil ganz schön angeschlagen ist. Obwohl ich meinen Job, das Reisen und die Leute, die ich treffe, wirklich liebe.

Für mich ist es der ultimative Beziehungstest, ob ich einfach schweigend mit jemandem sein kann und mich dabei total wohlfühle. Die Körpersprache ist ohnehin manchmal viel stärker als Worte.

So oft es geht, reise ich zum Baikalsee, woher ich komme. Dort sitze ich einfach auf einem Hügel, spüre den Wind und blicke auf den See. Er ist so groß, und ich versuche, die Stille nicht zu stören und meine eigene Ruhe darin zu finden.

Nina Kraviz wurde 1989 in Irkutsk, Sibirien geboren. Sie kam zum Zahnmedizinstudium nach Moskau und wurde dort von der örtlichen Musikszene als DJane entdeckt. Nach einiger Zeit als erfolgreiche Zahnärztin hängte sie den Bohrer endgültig an den Nagel, um Musik zu machen und um die Welt zu reisen. Heute ist sie hauptsächlich als DJane tätig und produziert in ihren beiden Labels Trip Records und Galaxiid ihre eigene Musik und die von anderen Künstlern im Bereich Acid Techno, Minimal Techno und Deep House. Berühmt sind ihre kleinen, privaten Raves an ungewöhnlichen Orten, die ganz anders sind als ihre sonstigen Auftritte auf großen Festivals und in bekannten Clubs.

Sie mag Nähe, Burger medium rare, Rotwein, weite Sweatshirts und heißen Tee.

EVELYN GLENNIE

GEHÖRLOSE PERCUSSIONISTIN

STILLE IST KLANG

Wir sehnen uns nach einer Stille, die wir uns als etwas vorstellen, das ohne Geräusch ist. Aber die Stille selbst ist der lauteste, heftigste, variantenreichste Klang, den wir haben und der unerwartete Gefühle auslösen kann. Die Welt ist ein Orchester, und wir alle spielen mit. Alles vibriert und spricht im großen Universum des Klangs. Wir erkennen und erleben unsere Welt durch Rhythmen. Selbst Farben oszillieren in verschiedenen Frequenzen! Stille ist nur ein angenommener Zustand, da sie nicht wirklich existiert.

Es gibt die verbreitete Fehlvorstellung, dass taube Menschen in einer Welt der Stille leben. Oder dass blinde Menschen in schwarzer Leere leben. Um die Natur der Taubheit zu verstehen, hilft es, zunächst die Natur des Hörens zu verstehen.

Hören ist vor allem eine hoch spezialisierte Form von Berührung. Klang-Berührung ist einfach vibrierende Luft, die das Ohr aufnimmt und in elektrische Signale umwandelt, die dann vom Gehirn interpretiert werden. Wir hören und fühlen also die Schwingung. Bei sehr niedrigen Frequenzen ist das Ohr nicht mehr effizient und die anderen Berührungssinne des Körpers beginnen zu übernehmen.

Meine Hörfähigkeit begann nachzulassen, als ich acht Jahre alt war. Es gab in meiner Welt noch immer Klang, doch dessen Qualität veränderte sich sehr stark, und mir standen einige Frequenzen nicht mehr zur Verfügung. Die Klanglandschaften nahmen andere Farben und Schattierungen an, wurden verschwommener und weniger definiert.

Mit zwölf Jahren entdeckte ich dann bei einem Auftritt unseres Schulorchesters das Schlagzeug und wusste gleich, dass ich in diese Familie gehörte. Ich war sofort verliebt und kann mich noch genau an das ekstatische Gefühl erinnern, als ich das erste Mal eine Snare Drum spielte. Ab da war ich entschlossen, Musikerin zu werden, die erste Solo-Percussionistin der Welt.

Mein Vater hatte mir das Mantra mit auf den Weg gegeben: „Glaube an dich, auch wenn andere es nicht tun", das mich durch alle Widerstände und Vorurteile hindurchbegleitete.

Ich konnte schon Partituren lesen und verbrachte mit der Hilfe meines Percussion-Lehrers Ron Forbes sehr viel Zeit mit der Verfeinerung meiner Fähigkeit, Klänge als Schwingungen mit dem Körper zu erkennen. Dabei stand ich im Klassenzimmer, meine Hände an die Wand gelegt, und Mr Forbes spielte verschiedene Tonhöhen auf dem Timpano (Pauke). Bald gelang es mir, die Noten daran zu erkennen, wo in meinem Körper ich sie fühlte. Die tieferen Klänge nehme ich mehr in den Beinen und Füßen wahr, deshalb spiele ich oft barfuß, während ich die hohen Klänge in bestimmten Teilen des Gesichts spüre, im Nacken, in der Brust und auf der Kopfhaut.

Durch das Eintauchen in die Sinne meiner Haut, meiner Muskeln und Knochen fand ich einen Weg, meinen Gehörverlust mit einem komplett neuen Sortiment an Werkzeugen zum Wahrnehmen der Schwingungen und der Umgebungsvibration zu ersetzen. Mein ganzer Körper wurde zu einem großen Ohr.

Ich lernte, jede Oberfläche als Hörrohr zu nutzen, das Bedeutung und Sinn zu meinem Gehirn bringt.

In meiner Arbeit versuche ich, durch Klang etwas Unsichtbares sichtbar zu machen. Zuhören hat mit Beobachten zu tun. Ich lausche als Percussionistin auf eine bestimmte Art, als Musikerin auf eine andere und als Klangkünstlerin wieder auf eine andere. Ich lausche etwas noch Unerhörtem und warte, bis es sich ausdrücken möchte.

Stille ist in meinem Musikschaffen sehr wichtig. Besonders in Gegenwart eines Publikums. Das Gewicht des Klangs der Stille sieht man nicht in der gedruckten Partitur. Es ist die Dauer der Resonanz dessen, was vorangegangen ist und dadurch bestimmt, wie du damit den nächsten Klang verbindest. Die Präsenz des Publikums ist es, die diesen Aspekt bestimmt. Die Rhythmen der Stille werden von jedem Einzelnen zu jeder Zeit individuell definiert. Wir können sie nicht im Vorhinein erahnen.

Stille wird oft mit innerer Ruhe verwechselt. Innere Ruhe kann man sich selbst in chaotischen Umgebungen erhalten. Sie entsteht, wenn wir mit uns in Einklang sind. Diesen Einklang erreichen wir wiederum, indem wir unseren Gedanken, unserem Körper und allem um uns herum zuhören. Im Zustand der inneren Ruhe zu sein bedeutet, die Situation zu erkennen, in der man sich gerade befindet, sie zu umarmen und sich ihrer natürlichen Bewegung hinzugeben.

In allem, was wir tun, brauchen wir Gegensätze. Wir brauchen Liebe und Tragödie, wir brauchen Klang und das Aussetzen von Klang, und besonders brauchen wir Zeit, um auf unseren eigenen, wunderbaren Körper zu hören und auf das, was uns umgibt. Dieser Wechsel zwischen Gleichgewichtsverlust und Einklang ist grundlegend. Würde nur eine Seite davon existieren, dann hätten wir nicht die Myriaden an Ausdrücken zur Hand, die wir als Menschen in der Lage sind zu nutzen. Erst in der Balance von beidem können wir das Kaleidoskop der sich ständig fließend verändernden Welt um uns her wertschätzen.

Wir alle haben ein tiefes Bedürfnis, uns miteinander zu verbinden. Doch wie kann diese Verbindung zustande kommen?

Durch den Akt des Zuhörens. Ich träume von einer Gesellschaft, in der die Verständigung und der soziale Zusammenhalt über den Akt des Zuhörens verbessert werden. Mein Gefühl sagt mir, dass Geduld, Integration, Mitgefühl, Einzigartigkeit und kulturelles Bewusstsein alles Formen des sozialen Zuhörens sind, die unser Menschsein ausmachen. So lange wir atmen, so lange ist Bewusstsein, und so lange es Bewusstsein gibt, gibt es Klang. Das Leben beginnt mit Zuhören und endet damit.

Evelyn Glennie wurde am 9. Juli 1965 in Aberdeenshire, Schottland, auf einer Farm geboren. Mit zwölf Jahren fing sie an, Schlagzeug und Xylophon zu spielen. Um diese Zeit begann sich ihre Hörfähigkeit aufgrund einer Nervenerkrankung zu verschlechtern und liegt heute nur noch bei 20 %. Sie nimmt Geräusche und Musik hauptsächlich über Vibrationen wahr.

Evelyn Glennie studierte Klavier und Schlagzeug an der Royal Academy of Music in London. Sie ist die erste Person, die Karriere als Solo-Percussionistin gemacht hat. Sie tritt weltweit mit den besten Dirigenten, Orchestern und Solisten auf. 2012 hatte sie die Ehre, bei der Eröffnungszeremonie der Olympischen Spiele mitzuwirken. Mit über 90 internationalen Auszeichnungen gilt sie als Vorreiterin für neue Solo-Percussion-Stücke. Ihre Vision ist es, die Welt das Hören neu zu lehren.

YASUHISA TOYOTA

AKUSTIKINGENIEUR FÜR KONZERTSÄLE

STILLE IST EINE NULL

Ein Teil meiner Arbeit besteht darin, Stille herzustellen, also dafür zu sorgen, dass störende Geräusche weder von außen in einen Konzertsaal dringen, noch innerhalb des Raums zu hören sind. Denn die Qualität eines jeden Tons ist nur so schön wie die Stille, die ihn umgibt.

Stille ist eine Null, kein Amplitudenausschlag, ein neutraler Hintergrund für Musik, die sehr fragil und dynamisch sein kann. Sie dient der Musik wie eine Art Leinwand, auf der sie erscheinen kann.

Als Akustik-Ingenieur versuche ich die richtige Beziehung zwischen der Übertragung des Tons, dessen Absorption und Nachhallzeit in den jeweiligen Größenverhältnissen und Formen von Gebäuden zu finden. Dazu errechnen wir zunächst am Computer den Raumklang an einem 3-D-Modell und testen diesen dann so lange an einem Modell des jeweiligen Konzertsaals im Maßstab 1:10, bis wir die richtige Ausgewogenheit im Klang gefunden haben.

Durch den Klang erschaffe ich eine Intimität zwischen dem Publikum und den Musikern.

Absolute Stille, wie sie in echofreien Räumen simuliert wird, würde uns nach einer Weile wahnsinnig machen. Es kann sich sehr unangenehm anfühlen, nur seine eigene Blutzirkulation und sein Nervensystem zu hören, beides Geräusche, die wir normalerweise nicht wahrnehmen. Astronauten werden in solchen Kammern für den Notfall trainiert.

Die stillsten Momente, die wir in einem Konzertsaal haben, sind die, bevor die ersten Noten gespielt werden und wenn die letzten verklingen. Eine kollektive Stille. Vielleicht ist es ein psychologisches Phänomen, vielleicht sogar eine Frage der Erziehung, warum Menschen während des Konzerts diese Stille nicht halten können, sondern störende Geräusche machen müssen.

In den meisten Konzertsälen wird westliche klassische Musik gespielt, die sich nicht nur wegen ihrer Besonderheit, sondern auch aufgrund der niederge-schriebenen Noten in die Welt verbreiten konnte. Es gibt zwar Komponisten, die für japanische Instrumente komponieren, aber das bleibt trotzdem westliche Musik. Japanische Musik hat sehr viele Zwischentöne, die sich in bestimmter Interpretation von einem zum anderen ziehen können. Sie wird immer nur von einem Lehrer an seine Schüler weitergegeben und bleibt somit regional.

In unserem Gehirn sind visuelle und akustische Signale miteinander verbun-den. Die meisten Menschen und Orchester fühlen sich in aus Holz gestalteten Konzerthäusern wohler und finden den Klang darin besser. Vielleicht scheint es ihnen näher an der Natur, oder vielleicht liegt es daran, dass die meisten Instrumente aus Holz sind. Ein Orchester, das es gewohnt ist, in Konzertsälen aus Holz zu spielen, ist irritiert, wenn es sich plötzlich von anderen Materialien umgeben sieht, und man merkt das an seiner Art zu spielen. Obwohl es keinerlei Beweis dafür gibt, dass Holz anderen Materialien in der Erzeugung eines guten Klangs überlegen wäre. Wir nennen das „Psycho-Akustik" und Architekten müssen diese in ihrer Planung berücksichtigen.

Die Wahrnehmung von Musik geschieht sehr stark auf einer mentalen Ebene und ist sehr subjektiv. Die Brandschutzauflagen für die Suntory Hall in Tokio gestatten zum Beispiel nur Holzverkleidungen von einem Millimeter Stärke. Doch die Besucher fühlen sich wie in einem komplett aus Holz gebauten Haus. Wir wollen glauben, was wir sehen.

Mich persönlich bringen Geräusche aus der Natur sofort zur inneren Ruhe. Etwa das Zirpen von Grillen, das andere als laut und störend empfinden.

Yasuhisa Toyota wurde 1952 in Japan geboren. Er ist ein japanischer Akustikingenieur, der durch seine Arbeiten für Konzertsäle auf vier Kontinenten bekannt wurde. Toyota studierte am Kyushu Institute of Design.

Zu seinen wichtigsten Werken zählen die Suntory Hall, Tokio, die Walt Disney Concert Hall, Los Angeles, die Konzerthalle im Mariinskij Theater, St. Petersburg, die Shenzhen Cultural Center Concert Hall, das Konzerthaus Kopenhagen und die Elbphilharmonie, Hamburg.

PETER GÜLKE

MUSIKWISSENSCHAFTLER
DIRIGENT

Nach Stille fragen Sie, nach welcher? Gewiss nicht nach der Lautlosigkeit, die man zwischen wattierten Wänden, in schallisolierten Studios haben kann; schon eher nach der atmenden, von Blätterrauschen, Bachgemurmel, Vogelrufen geritzten Stille von Abenden draußen in der Natur – und über sie hinaus, von ihr befördert, nach jener inneren, die wir nicht trennen mögen von Stillstehen, gesammelter, auf Eines gerichteter Aufmerksamkeit, von Innehalten, Innewerden, Versenkung.

Philosophen, Mystiker und Theologen haben ihr viele Adelsprädikate verpasst, durchweg im Sinne eines Widerlagers zum Lärm des weltlichen Getriebes, einer unter Beschleunigung ächzenden Lebenswelt, zum Sturz der Ereignisse, Termine, Informationen, die nicht laut sein müssen, um als lärmig empfunden zu werden. „Ich verstand die Stille des Aethers, / Der Menschen Worte verstand ich nie" (Hölderlin).

Musik steht unter den Wegweisern zur Stille obenan. Musik kommt von der Stille her, setzt sie voraus, steigt aus ihr auf, nicht nur bei Bruckners Sinfonie-Anfängen, und entlässt uns in sie hinein, nicht nur am Ende von Tschaikowskys „Pathétique" oder Mahlers „Lied von der Erde".

Ende des 18. Jahrhunderts entstanden die ersten Konzertsäle wie das Gewandhaus in Leipzig, der Museumssaal in Berlin und später der Musikverein in Wien. Und plötzlich hörten viel mehr Menschen Musik. Doch mussten sie erst lernen, gemeinsam in einer großen Menge zuzuhören. So begannen die meisten Sinfonien laut, um sich in der geschwätzigen Menge Gehör zu verschaffen. Oder die Stille einzufordern, die Musik eben voraussetzt, um ein verbindendes Gemeinschaftserlebnis entstehen zu lassen.

Streng genommen dürfte Musik, soweit sie den Namen verdient und nur als solche wahrgenommen wird, andere Laute und Geräusche neben sich nicht dulden, sie besetzt ihre jeweilige Gegenwart total, ist in Sekundenbruchteilen bereits eine andere und bleibt eben so mit sich identisch. Indem sie Stille voraussetzt, erschafft sie sie zugleich. Da durch die Fugen jeglicher Gestalt der Hintergrund des Ungestalten, des „Chaos", hindurchleuchtet, aus dem sie erwuchs – mithin auch die Stille, aus der sie herkam –, kann man, wie Richard Wagner von „tönendem Schweigen", von Musik als hörbar gemachter Stille sprechen.

Keiner indes ist je in einer idealtypisch gedachten Stille angekommen, keiner hat Schopenhauers Rad des Ixion wirklich stillstehend erlebt oder in Heideggers Sein bzw. Seyn sichere Wohnung nehmen können. Fast ist die Sehnsucht danach bereits die Sache selbst, alle sind wir irgendwo im schnöden, allemal lärmenden „man" hängen geblieben.

Nicht nur ahnen wir hinter jeder Stille, in die wir einzutauchen meinen, eine noch größere, auch bedarf es als Hilfe zum Einstieg oft der Überwältigung durch Grenzsituationen, die uns ohne Rest beanspruchen. Erfüllte Stille entsteht auch in der Pause, die sowohl für den Musizierenden wie auch für den Zuhörenden gefüllt ist durch das, was musikalisch vorausgegangen ist. Ist

Musik, obwohl nicht mehr klingend, nicht fast gegenwärtig in Generalpausen, die vom Nachecho bersten, oder nach einem behutsamen Verlöschen, das keine Unterscheidung von realem und imaginiertem Klingen erlaubt? Nähern wir uns an solchen Rändern nicht am ehesten einer erfüllten Stille?

Brahms überführt in seiner dritten Sinfonie das eigentlich für einen krönenden Abschluss geschaffene Material plötzlich in einen leuchtenden Klang, in dem sich die Konturen auflösen und die Musik sich allmählich in sich selbst zurückzieht. Bei Mahlers Neunter Sinfonie oder bei Mendelssohns „Hebridenouvertüre" ist intendiert, dass die Musik noch weiterklingt, obwohl sie akustisch nicht mehr vernehmbar ist.

Die Faszination einer tief gelebten Pause besteht auch darin, dass einen Moment lang im Hintergrund die Dimension von Stille bewusst wird. Das gemeinsam zu erleben schafft tiefe Verbundenheit unter den Zuhörenden.

Wir brauchen die Überschneidungen von Stille und Stillstand nicht zu bemühen, um sie in den innersten Zellen der Musik wiederzufinden. Gewiss – stehen bleiben, innehalten im direktesten Verständnis kann sie nicht. Musik ist sie nur, indem sie fortgeht. Gerade aber im Fortgezogenwerden kann sie die Sehnsucht nach einem „Verweile doch, du bist so schön" vergegenwärtigen, etwa anhand sogenannter „schöner Stellen", die als solche auch erscheinen, weil sie sich entziehen, nur einen Vor-Schein von sich geben und sich von weniger Schönem abheben.

Aufs „horizontale" Verfließen der sogenannten Realzeit bezogen streift die Musik dabei eine Zeitlosigkeit, baut an einer Eigenzeit. Im Widerstand gegen geradlinige, „logische" Verursachungen, gegen das Verfließen, erscheint hier jene Stille anvisiert, die uns vom Weltgetriebe und dessen Zwängen entbindet.

Die Unterscheidung der Zeitqualitäten, nicht weit vom „aion" beziehungsweise „chronos" der Griechen oder von Bergsons „temps durée" beziehungsweise „temps espace", war in der Musik einstmals formal festgeschrieben. Das Rezitativ transportiert die Handlung, die Arie hält sie in einer auf deren Zeitfluss „senkrecht" stehenden Eigenzeit fest, die die Paradoxie ermöglicht, dass zur Darstellung von Nichtzeithaben Zeit – ebenjener eigenen Qualität – gebraucht wird. In solchen Momenten ignoriert Musik die verfließende Zeit, fischt einen markanten Jetztpunkt heraus und dimensioniert ihn zu mehrminütiger Gegenwart – eigener Art. Soweit wir Stille als unabgelenkte Konzentration auf nur Eines sehen dürfen, wird hier verborgene Stille offengelegt.

Musik ist immer Zeitkunst und reflektiert entsprechend etwas vom Zeitgefühl und Zeitgeist. Und Neue Musik heute ist für mich das beste Training in aktivem Zuhören in völliger Offenheit. Innehalten, offen sein für Eindrücke, die ich nicht steuern kann und nicht bewerten kann, mich von meiner eigenen Intention frei machen, vorurteilslos zu hören – das ist Stille. Wir leben in einer Zeit, in der wir überall mit Musik beschallt werden, die uns die Musik so selbstverständlich machen möchte, dass uns der Sinn verloren geht dafür, dass etwas, das klingen soll, eine besondere Aufmerksamkeit erfordert.

Peter Gülke, am 29. April 1934 in Weimar geboren, ist ein deutscher Dirigent, Musikwissenschaftler und Musikschriftsteller. Von 1952 bis 1957 studierte er an der Hochschule für Musik Weimar und den Universitäten Jena und Leipzig Violoncello, Musikwissenschaft, Romanistik und Germanistik.

Er war unter anderem Chefdirigent, Kapellmeister und Generalmusikdirektor verschiedener namhafter Orchester und Theater und lehrte an der Musikhochschule Dresden, der Universität Leipzig und in Harvard und habilitierte sich 1984 an der TU Berlin. Von 1996 bis 2000 war Gülke Professor für Dirigieren an der Staatlichen Hochschule für Musik Freiburg und von 1999 bis 2002 Professor für Musikwissenschaft an der Universität Basel. Er wurde vielfach ausgezeichnet und ist Autor mehrerer Bücher zu musikwissenschaftlichen Themen.

OHAD NAHARIN

CHOREOGRAPH

Kürzlich war ich auf Kuba und spürte sehr stark die Stille in dem, was die Menschen nicht sagen dürfen. Weil sie still gehalten werden. Die Stille der Unterdrückung. Das erinnerte mich an eine Lehrerin, die ich in der vierten Klasse hatte. Sie war so unsicher, dass sie uns die ganze Zeit steif und still dasitzen ließ, damit sie uns besser unter Kontrolle hatte.

Das Unterdrücken von Sprache lässt mich auch an die Zeit zurückdenken, als ich anfing, als Choreograph zu arbeiten. Ich war sehr frustriert, gefangen in meiner Unfähigkeit, mich auszudrücken. Deshalb habe ich über die Jahre sehr daran gearbeitet, meine Gedanken und Erkenntnisse ausdrücken und anderen Menschen mitteilen zu können.

Meine Arbeit mit der Bewegungssprache „Gaga" dreht sich darum, zuerst den Empfindungen im Körper zuzuhören, bevor du ihm sagst, was er tun soll. Der Akt des Zuhörens erlaubt es dir, dich mit der ganzen Bandbreite deiner Empfindungen zu verbinden und effizienter in deinen Bewegungen zu werden. Das ist aber nicht nur nach innen gerichtet, sondern es verbindet dich mit anderen Menschen und Orten und hilft dir zu erkennen, dass es kein Zentrum der Dinge gibt. Vielen Menschen fehlt die Fähigkeit, sich mit anderen zu verbinden, so als ob sie nur vor einem Spiegel tanzen würden. In meinem Studio gibt es keine Spiegel.

Empathie wächst durch Zuhören. Erwartungen loslassen und sich von anderen spiegeln lassen, von ihnen lernen und all das dann mit deiner inneren Welt verbinden. Deinen Bewegungen mit der vollen Aufmerksamkeit all deiner Empfindungen zu folgen, das hält dich im Moment, was sowohl fürs Tanzen wie auch fürs Leben überhaupt essenziell ist. Wer sich zu sehr antreibt, ist immer schon voraus; wer zu entspannt ist, ist hinterher. Das versuche ich den Leuten beizubringen: zu merken, wann sie voraus oder hinterher sind. Denn dann können sie Dynamiken mit dem Gefühl verändern, genügend Zeit zu haben. Man muss sich jederzeit in alle Richtungen bewegen können. Selbst wenn du eine Bewegung beendest, bleibt sie noch erhalten – ein bisschen wie der Motor eines Autos, der im Leerlauf, aber jederzeit startbereit ist. Es geht um die Feinabstimmung.

Wenn du dich bewegst, dann entstehen viele feine Geräusche. Die Reibung der Kleidung auf deiner Haut, die Reibung der Füße auf dem Boden, die Atmung der Anwesenden, der Luftzug zwischen deinen ausgestreckten Fingern. Wenn du dafür empfänglich bist, ist es nie auf diese tote Art still. Absolut still ist nur der Tod. Stille hat eher etwas mit Feinheit zu tun und mit einer geringen Lautstärke als mit der Abwesenheit von Geräuschen.

Beim Tanzen ist die Gravitation die wichtigste Kraft. Bewegung findet statt, wenn man die Schwerkraft überwindet. Die einzige Bewegung, bei der man sich der Schwerkraft nicht widersetzt, ist das Fallen. Das Gegenteil sind vertikale Bewegungen. Die horizontalen Bewegungen, das Vergnügen, sich zu strecken, sich auszudehnen, sind sehr mit der Kunst des Fließens verbunden und mit dem Gewichtsverlagern. Sie tragen, besonders am Boden, eine animalische Qualität in sich.

Unsere Moleküle fließen in uns, ohne dass wir uns dafür bewegen müssen. Auch wenn wir ganz stillstehen, ist da eine Menge in Bewegung. Jede Menge Informationsfluss. Im Fluss zu sein ist wichtig. Deshalb müssen wir die Blockaden auflösen, die uns daran hindern. Jeder sollte tanzen – das hilft!

Als Choreograph komponiere ich Ideen in meiner künstlerischen Sprache und versuche, eine gute Spannung zwischen vielen Elementen zu schaffen: Bewegung, Licht, Bühnenbild, Requisiten, dem gesprochenen Wort, Film und Musik. In den meisten Stücken verwende ich Musik, und wenn nicht, dann denke ich nicht daran, die Stille bewusst zu nutzen. Tanz braucht keine Musik, nur Raum und Zeit – die beiden Elemente, in denen die Bewegung verankert ist. Ich würde niemals Bewegung dazu benutzen, Musik zu illustrieren. Aber Musik kann dabei helfen, eine Geschichte zu erzählen, die Dynamik zu unterstützen oder eine bestimmte Atmosphäre zu schaffen.

Ich hasse Musik in Restaurants. Es gibt hier in Tel Aviv nur noch zwei, die ich besuche. Oh ja! Stille ist ein Restaurant ohne Musik.

Wir haben hier in Israel Sirenen für Notfälle, die man mit einem Knopfdruck im ganzen Land hören kann. Wenn die Leute sie am Gedenktag der Kriegsopfer hören, halten alle sofort an, auch Autos und öffentliche Verkehrsmittel stoppen, und für zwei Minuten schweigen alle mit gesenktem Kopf und gedenken der Kriegsopfer. Mitten im Heulen der Sirenen stehen alle gemeinsam still.

Das letzte Mal fühlte es sich für mich sehr unangenehm an, dass ich gerade mit denselben Leuten schweigend dastehe, die eine Menge Zerstörung verursachen, und die Opposition ist leider viel zu still.

Ich bin auch nicht perfekt, aber wenigstens kann ich etwas Positives schaffen.

Ohad Naharin ist 1952 in Mizra, Israel geboren. Seine Tanz-
karriere begann er 1974 bei der Batsheva Dance Company.
1990 wurde Naharin zum künstlerischen Leiter der Batsheva
Dance Company ernannt und baute die Nachwuchstruppe
„Batsheva – the Young Ensemble" auf. Er schuf über 30 Stücke
für beide Ensembles und auch für andere Compagnien.
Zusätzlich entwickelte Naharin die innovative Bewegungssprache „Gaga", die inzwischen zu einem weltweiten
Phänomen wurde. Stars wie Nathalie Portman erlernten sie
bei Naharin, und in Israel geht man inzwischen zum Gaga
wie anderswo zum Yoga oder Pilates. 2015 entstand der
Dokumentarfilm „Mr Gaga" über Ohad Naharin.

Nach fast 30 Jahren bei der Batsheva Dance Company trat
Naharin 2018 als künstlerischer Leiter zurück, arbeitet jedoch weiterhin als Hauschoreograph. Er ist amerikanischer
und israelischer Staatsbürger und lebt mit seiner Frau Eri
Nakamura und ihrer gemeinsamen Tochter Noga in Israel.

SABERA MACHAT

WÜSTENEXPERTIN

STILLE IST EINKLANG

Die ganze Welt wimmelt auf tausenderlei Arten. Die Großstadt wimmelt, im Fernseher, im Internet wimmelt alles. In der Wüste fällt all das weg. Die Weite und das Fehlen von Gewimmel sind das, was mich an der Wüste so anzieht.

Stille erlebe ich am meisten über den weiten blauen Himmel tagsüber und nachts unter dem Sternenhimmel. Stille ist Einklang. Alles ist stimmig. Was auch immer passiert, du weißt, was zu tun ist und wann es zu tun ist.

Wenn Gäste zu mir in die Wüste kommen, dauert es immer ein paar Tage, bis sie zu sich finden, bis der innere Kommentator stiller wird und sie anfangen, einfach zu sein. Es gibt hier nichts zu tun. Man muss niemand sein, und so werden sie von „human doings" zu „human beings". Sie kommen zur Ruhe und allmählich finden sie mehr und mehr zum Einklang mit sich selbst, mit dem, was ist, und mit dem, was sie umgibt. Plötzlich werden sie empfänglich für etwas, was sie sonst im Gewimmel gar nicht erreichen kann. Das ist für viele Gäste ein so starkes Erlebnis, dass sie verändert nach Hause kommen. Sie fangen neue Jobs an, ziehen um, räumen ihre Wohnungen auf, ersetzen Sofas durch Teppiche mit Sitzkissen.

Ich wüsste nicht mehr, wie ich ohne die Wüste leben könnte. Hier, zwischen dem Geröll und dem Sand und den weiblichen Formen der Sandsteinhöhlen, sind Vergänglichkeit und Geburt so gegenwärtig, dass all die Konzepte, wer ich sein oder wie ich leben sollte, von mir abfielen und sich einfach in große

Dankbarkeit und Freude über meine Existenz wandelten. Es fühlte sich an wie nach Hause kommen. Herauszufinden, wie ich in dieser kraftvollen Umgebung, inmitten von Sandstürmen, Hitze und Kälte, allein überleben kann, war und ist eine wunderbare Aufgabe.

Einmal erlebte ich ein Erdbeben in der Wüste. Es dauerte wahrscheinlich weniger als eine Minute – unglaubliche Kräfte waren am Werk. Kräfte, die gigantische Felsblöcke zerbrechen und herumpurzeln ließen. Wenn irgendwo auf der Welt ein Erdbeben stattfindet, ist die Folge Chaos und Verwüstung. Hier in der Wüste dagegen spielt das keine Rolle, weil es nichts aufzuräumen gibt.

Im Moment werden elektrische Leitungen durch die Wüste bis zu den Dörfern verlegt. Es macht mich traurig zu wissen, wie sehr sich das Leben der Menschen mit dem Fernsehen und den darin angepriesenen Waren verändern wird. Wie viel die Menschen verlieren werden und wie wenig sie dafür bekommen.

Die alten Beduinen kennen die Stille der Wüste noch sehr gut und können mit ihr umgehen. Für sie ist es normal, tagelang allein mit einem Kamel unterwegs zu sein. Die jungen Beduinen dagegen kennen die Stille kaum noch. Zumindest nicht bewusst. Sie reden den ganzen Tag oder hören Radio, und wenn sie allein sind, dann singen sie, weil sie Angst haben vor der Stille, Angst vor Geistern.

Einmal war ich mit einer Gruppe von Gästen unterwegs, die beschloss, schweigen zu wollen. Ein 16-jähriger Beduinenjunge, der uns begleitete, war so irritiert von den stumm dasitzenden Menschen, dass er sagte: „No speak – I go." In einem mehrstündigen Fußmarsch zog er sich von den Schweigenden zurück. Der zweite Guide, ein 30-jähriger Mann, war nun allein mit uns. In der Nacht rief er laut nach mir. Ich eilte zu ihm und fragte: „Schlange? Skorpion?" Doch er schluchzte: „Nein – Geister!" Im Laufe der Jahre lernten einige der jüngeren Beduinen zu verstehen, dass die Menschen aus lauten, hektischen Städten kommen, um in der Wüste die Stille zu suchen.

Das ist das Kostbarste, was ich hier für mich gefunden habe – die Stille. In der Wüste ist es so still, dass man den Klang der Erde hört.

Sabera Machat wurde 1948 in den Niederlanden geboren. Seit über 22 Jahren ist sie in der Wüste Sinai zu Hause und lebte einige Jahre mit den Beduinen. Sie verbrachte mehrmals 40 Tage ganz auf sich gestellt in der Wüste. Inspiriert durch ihre eigenen tief gehenden Erlebnisse bietet sie Wüstenerfahrungsreisen für Besucher an.

Sie ist Mutter von vier Kindern und vierfache Großmutter und Autorin von „Feuer der Wüste, Frau der Erde – 150 Tage alleine in der Wüste Sinai" (1999) und „Inspiration Sinai. Reise in die Stille – die heilende Kraft der Wüste" (2006).

MIKE BOXHALL

CRANIO-SACRAL-THERAPEUT

STILLE IST EIN SEINSZUSTAND

Zunächst ist da das männliche und das weibliche Prinzip. Die ersten beiden Ausdrucksformen, das Grundprinzip allen Seins, ohne das nichts entstehen, wachsen oder sich verändern würde. Stille ist ein Seinszustand, eine Form der Präsenz, des nicht ausgedrückten absolut Möglichen, aus dem Form entsteht.

Einige Wissenschaftler sagen, dass die meisten Menschen 95 bis 99 Prozent der Zeit nicht wirklich präsent sind. Wir sind nicht völlig lebendig, wir reagieren nur auf unsere Vergangenheit und funktionieren hauptsächlich im Modus des Intellekts, und den Rest benutzen wir nur, um das „Fahrzeug" in Gang zu halten. Ist es nicht spannend, sich vorzustellen, was wir sein könnten, wenn wir das umdrehen könnten?

Zuerst müssen wir uns darüber klar werden, was unsere Gewohnheiten sind. Nicht reflektierte Gewohnheiten machen uns zu Opfern unserer Reaktionsmuster und der Sichtweise anderer Menschen darauf, wie wir sein sollten.

Jede Art von Übung, die uns hilft, einfach wahrzunehmen, was ist, ohne es zu beurteilen, ist dabei von großem Nutzen. Nichts erreichen oder loswerden zu wollen. Wenn wir sehen, was wirklich ist – jetzt, in diesem Moment, an diesem Ort –, dann bekommen wir ein Bewusstsein dafür. Das ist der Ort, an dem Kreativität stattfindet, an dem das männliche und das weibliche Prinzip zusammenfinden. Kreativität geschieht nur in der Gegenwart. Alles andere ist keine Kreativität, sondern Reaktion.

Die meisten Patienten kommen mit einem körperlichen Problem zu mir, das behoben werden soll. Meine Arbeit ist es, einen konstant leeren Raum zu schaffen, in dem die Lebensgeschichte eines Menschen sich entfalten kann. In vollkommener Stille empfangen zu werden gestattet es dem wahren Ich eines Patienten, seiner Geschichte, sich so auszudrücken, wie sie ist, direkt aus ihrem Zentrum heraus.

Ich nehme Kontakt über meine Hände auf, die nicht als Überträger, sondern als Empfänger arbeiten, sodass das, was gerade mit der Person passiert, auf einer tieferen Ebene wahrgenommen wird. Es gibt immer eine Hintergrundgeschichte auf allen Ebenen, der physischen, mentalen und spirituellen. Ich suche nicht nach dem, was mit der Person nicht in Ordnung ist. Ich analysiere nicht, was geschieht und was getan werden sollte. Ich höre einfach nur zu. Gehört werden ist geheilt werden.

Auch wenn meine Arbeit für einen Betrachter so wirken mag, als ob ich Farbe beim Trocknen zusehen würde, gehen wir doch gemeinsam auf eine Entdeckungsreise in die Stille. Meine Aufgabe ist es, die Reise so sicher wie möglich zu machen, indem ich für den Patienten ganz präsent bin, damit er oder sie sich in keinem Moment verlassen fühlt.

Wir müssen gehalten und gehört werden. Wenn Stille herrscht, entsteht Klarheit, und was hervorkommen muss, kommt hervor. Und dann vertraue ich darauf, dass das, was auch immer zum Vorschein kommt, Ausdruck einer universellen

Intelligenz ist, einer Präsenz, die sich in verschiedenster Form zeigt, wenn all der Lärm, der diese Gegenwart normalerweise verdeckt, eine Zeit lang verstummt. Ich vertraue dieser Intelligenz. Man kann sie nicht anstreben oder erwerben, sie ist die Essenz des Seins, der Grund des Seins. Alles, was ich mit meinem Intellekt erfassen könnte, würde sie nur begrenzen.

Ich höre mit meinen aufgelegten Händen hin. Und ich ermutige die Patienten, auf alle Gefühle oder Sinneseindrücke zu achten, die in ihnen aufsteigen. Es ist all das, was sie in ihrem Lebensrucksack unverdaut mit sich schleppen. Meist sind es die Beurteilungen anderer Menschen, mit denen wir uns identifiziert haben. Oft bessert sich dann das ursprüngliche Problem, und das, was bleibt, ist näher am Grund des Seins, wo es nur Heilsein gibt. Herauszufinden, wer man wirklich ist, ist eine sehr machtvolle Erfahrung.

Ich halte es für klug, zuerst auf das zu achten, was der Körper sagt und tut. Er besitzt ein Wissen, das immer da ist und aus dem Herzen kommt.

Mike Boxhall (4. Januar 1930 – 10. April 2019) war ein britischer Körpertherapeut. Über 40 Jahre lang war er als Psychotherapeut (nach Jung), Akupunkteur und Cranio-Sacral-Therapeut tätig.

In seinem Ansatz hat er sein Wissen und seine Erfahrungen aus all diesen Bereichen zu einer ganzheitlichen Körpertherapie verbunden, die auf einzigartige Weise Seele und Geist miteinbezieht. Er hat zwei Bücher und viele Artikel und Gedichte über die spirituelle Kraft der Cranio-Sacral-Therapie verfasst und sein Wissen in Seminaren und Ausbildungsprogrammen weitergegeben.

HEDY SCHLEIFER

PAARTHERAPEUTIN

STILLE IST EIN
UNSICHTBARER VERBINDER

In der Tora sind zwei Arten von Stille beschrieben. Eine der beiden ist: „Ich möchte etwas sagen, aber halte es zurück." Die andere ist dieser tiefe, innere Ort, an dem es keine Worte gibt. Etwas so Großes geschieht, ob freud- oder leidvoll, dass es jenseits der Möglichkeiten unserer Begriffe liegt. An einem Ort, an dem unser Vokabular nicht mehr mit unserer Erfahrung übereinstimmt.

In der jüdischen Tradition sitzen die Trauernden, wenn jemand stirbt, auf einem niedrigen Stuhl und niemand darf sie ansprechen. Nur wenn sie selbst das Wort ergreifen, kann ihnen geantwortet werden. Wenn man sie besucht, dann kommt man, um in Stille mit ihnen zu sein. Für manche ist das sehr herausfordernd. Sie brechen die Regel der Stille, indem sie sagen: „Schön, dich zu sehen", „Ich bin für dich da", „Wie kann ich helfen?". Was es auch ist, es ist Lärm.

Die Stille, die ich Paare lehre, ist die reichhaltige, tiefe Stille des Zusammenseins. Unterbrechungen dieser Stille gibt es nur, wenn es Wesentliches zu sagen gibt.

Untersuchungen zeigen, dass nur 7 Prozent unserer Kommunikation mit Worten stattfinden. Die anderen 93 Prozent geschehen über die Haut, über die Augen und über Körpersprache. Genau um diese 93 Prozent geht es mir.

Ich bringe den Paaren die drei unsichtbaren Verbinder nahe: den Raum, die Brücke und die Begegnung. Der Raum ist der Beziehungsraum zwischen uns, für den jeder von uns verantwortlich ist. Was wir in ihn hineingeben, macht ihn aus. Der jüdische Philosoph Martin Buber war der Erste, der diesen Raum benannte. Er sagte: „Unsere Beziehungen leben in dem Raum zwischen uns. Sie leben weder in dir noch in mir, sondern in dem Raum, den wir teilen." Und wenn dieser Raum zwischen uns heilig ist, dann ist Gott darin anwesend.

Der zweite Verbinder ist die Brücke. Eine Brücke, die zwischen uns gespannt ist, die Brücke zwischen deiner und meiner Welt. Zwischen zwei sehr verschiedenen Welten. Wenn ich die Brücke überquere, um dich zu besuchen, muss ich voller Neugier und mit neuen Augen kommen und meine eigene Welt hinter mir lassen. Meine Welt ist die Vergangenheit und ich bin mit dir ganz präsent im Hier und Jetzt. Die Brücke wird durch Stille gegründet.

Der dritte Verbinder ist die Begegnung. Begegnung ist diese besondere Seelenverbindung, die uns das Gefühl gibt, eins zu sein.

Wie kann ein Paar die Brücke errichten?

Sie sitzen sich sehr nah gegenüber, ganz in Stille. Sie atmen und sehen einander an. Sie lassen ihre Augen sprechen und Dankbarkeit ausdrücken. Dann schließen sie die Augen, ergreifen gegenseitig ihre Hände und fühlen einfach nur, wie es ist, mit den Händen zu sprechen. Für viele Paare ist es das erste Mal, dass sie sich in völliger Stille begegnen. Das erste Mal, dass sie reine Präsenz erleben, von Wesen zu Wesen. Viele fangen an zu weinen. Als ihre Begleiterin gebe ich ihnen Worte der Dankbarkeit, die sie aneinander richten können: „Danke, dass du mit mir hier bist", „Danke für unsere Reise", „Danke für deinen Mut", „Danke für deine Widerstandskraft". Und langsam füllt sich der Raum zwischen ihnen mit Dankbarkeit. Die Brücke entsteht.

Wenn die Paare „die drei Verbinder" kennengelernt haben, beginnen wir unsere Reise mit einem Besuch eines vertrauten „Kraftorts". Einen Ort in meiner Welt, an dem ich lebendig, leidenschaftlich, mutig und ganz ich selbst bin. Viele Partner kennen den anderen nicht, wie er an diesem leidenschaftlichen Ort ist. Bei diesen Besuchen verweilen wir oft in Momenten tiefer Stille, in denen sich etwas ganz Neues von innen her offenbart. Eine Entdeckung, die nur deshalb entsteht, weil man auf eine komplett andere Art mit dem Partner ist.

Der Gastgeber sagt dem Gast die Wahrheit. Die Wahrheit hat nicht viele Worte. Der Gastgeber lernt, Essenzielles zu sagen.

Wenn beide Partner den jeweils anderen an einem Kraftort in dessen Welt besucht haben, haben sie gleichzeitig eine ganz neue Qualität in dem Raum zwischen ihnen erschaffen. Oft beschreiben sie ihn als warm, sprudelnd, liebevoll und verbunden. Und so begreifen sie, dass sie selbst dafür verantwortlich sind, wie dieser Raum aussieht und sich anfühlt.

Der nächste Schritt ist, sich an einem Ort der Herausforderung zu begegnen. Und wieder entdeckt das Paar, dass eine völlig andere Atmosphäre in dem Raum zwischen ihnen entsteht, wenn die Wahrheit gesprochen wird und etwas Neues sich zeigen darf.

Die Besuche an dem Ort der Herausforderung sind heilig, denn dort lernen die Paare ihre jeweiligen „Überlebensknoten" kennen. Das sind die Sackgassen und Pattsituationen, in denen sie immer dann als Paar stecken bleiben, wenn die Verzweiflung des einen auf den erbitterten Widerstand des anderen trifft und umgekehrt.

Mein Mann Yumi und ich sind nun seit dreiundfünfzig Jahren verheiratet und haben uns gegenseitig schon an sehr unterschiedlichen Orten besucht. Wir haben unseren Überlebensknoten entwirrt und genießen das Privileg, nun am Ort der Begegnung zu leben.

Vor fünfzehn Jahren haben wir ein wunderbares Beispiel für Stille als Ort der Offenbarung erlebt. Yumi musste zwei Stents gesetzt bekommen, was Komplikationen nach sich zog. Der Arzt empfahl ihm Ruhe. Wir hatten eine Reise nach Südafrika geplant, die ich natürlich absagen wollte, doch Yumi wollte das auf keinen Fall. Unsere Uneinigkeit führte zu einem Machtkampf. Und dann sagte ich zu Yumi: „Wir lehren anderen Paaren die Kraft der Brücke. Wie wäre es, wenn wir jetzt selbst eine bauen?"

Wir setzten uns still einander gegenüber. Wir blickten uns tief in die Augen. Wir fühlten Dankbarkeit darüber, einfach in diesem Moment am Leben zu sein. Und wir stellten fest, dass wir uns seit dem ersten Arztbesuch nicht mehr richtig angesehen hatten. Jetzt hielten wir uns an den Händen, schlossen die Augen und spürten, wie dankbar wir dafür waren, zusammen zu sein.

Ich überquerte die Brücke zu seiner Welt und sagte: „Ich will nicht, dass du stirbst." Er sah mich mit seinen warmen, mitfühlenden Augen an und wiederholte mit seiner sanften, liebevollen Stimme: „Du willst nicht, dass ich sterbe."

Ich weiß nicht, wie lange ich daraufhin in seinen Armen weinte. Als ich mich ausgeweint hatte, besuchte er mich. Und er sagte drei Dinge, die mein Leben veränderten.

Als Erstes sagte er: „Ich bin nicht ein Herz. Ich bin ein Mann mit einem Herz." Während ich ihm konzentriert zuhörte, wurde mir klar, dass ich den Mann, den ich liebte, zu einem Objekt gemacht hatte. Ich hatte gar nicht mehr den Mann gesehen, nur noch das verletzte Herz.

Das Nächste, was er sagte, war: „Und wenn der Tod an die Tür klopft, kann ich sagen: ‚Ja, dies ist ein guter Tag zum Sterben. Ich bin ganz und gar lebendig.'"

Und da wurde mir klar, dass ich ihn nicht weiter davon abhalten wollte, ganz und gar lebendig zu sein, nur weil ich Angst hatte, ihn zu verlieren. Ich begriff, dass ich ihn lieber halb lebendig als ganz tot haben wollte, aber dass das keine Liebe ist.

Als Drittes sagte er: „Und dieser Mann, der die Frage, ob es ein guter Tag zum Sterben sei, mit Ja beantwortet, will nach Südafrika."

Eine neue, dritte Möglichkeit kam zum Vorschein. Wir organisierten die Route etwas um und planten Ruhezeiten ein, und es wurde die schönste Reise unseres Lebens.

Mein stärkstes Erlebnis mit der Stille hatte ich vor einigen Jahren, als Yumi eine Begegnung mit schweren Depressionen hatte. Es war, als hätte jemand alle Lichter in seiner Welt ausgeschaltet. Über ein halbes Jahr lang sprach er kaum ein Wort.

Ich beschloss, diesen neuen, stillen Mann zu heiraten, und legte mich im Krankenhaus zu ihm ins Bett. Wir kommunizierten über die 93 Prozent, die nicht mit Worten gesagt werden. Er erlebte eine vollständige Wiederherstellung und ging sogar gestärkter denn je daraus hervor. Also heiratete ich diesen neuen, starken Mann. Er ist mein siebenundzwanzigster Ehemann, denn er hatte so oft den Mut, sich zu verändern.

Hedy Schleifer wurde in Lausanne geboren, wuchs in Antwerpen auf und lebt aktuell in den USA. Sie studierte in Los Angeles Psychologie und machte ihren Abschluss in Klinischer Psychologie an der Universität von Tel Aviv, Israel.

Sie entwickelte die „Encounter-centered Couple Therapy", (EcCT), eine innovative Art der Paartherapie, deren Kern die „Kraft der Verbindung" ist. In ihrem „Tikkun Learning Center" bildet sie andere Therapeuten und Führungskräfte aus. Hedy wird oft als „Therapeutin der Therapeuten" bezeichnet. Sie lebt mit ihrem Mann Yumi in Washington, DC und hat zwei Söhne und 13 Enkelkinder.

KRIS TOMPKINS

NATURSCHÜTZERIN

STILLE IST DIE
QUELLE GRÖSSTER INTENSITÄT

Stille ist nicht nur die Abwesenheit von Lärm, sondern auch die Absicht, sie in diesem zu finden. In unserer heutigen industriellen Welt muss man ganz bewusst nach Stille suchen. Dann ist es, als ob man durch eine Tür geht und einen anderen Teil von sich selbst findet, der sonst vom Alltagslärm und den vielen Verpflichtungen gedämpft ist.

Für mich stellt Stille den Raum zur Entfaltung von Ideen bereit. Die Möglichkeit, zu reflektieren und komplett entwickelte Ideen aufzuschreiben, nicht nur eilig hingepinselte Gedankenfragmente. Stille kann auch die Quelle größter Intensität sein. Natürlich ist das, wie alles bei uns Menschen, relativ.

Ich habe die Erfahrung gemacht, dass meine Gedanken sich in der Stille am deutlichsten ausdrücken. Unterhaltungen, die ich gern geführt hätte, Sorgen und Zweifel fluten plötzlich herein, als hätten sie alle einen eigenen Fürsprecher.

Ohne äußere Geräusche, die zu uns dringen, haben wir auch einen viel fließenderen, aufmerksameren und sorgfältigeren Zugang zu unseren Erinnerungen. Ich komme aus dem Staunen gar nicht heraus über die Menge, Vielfalt und Tiefe an Erinnerungen aus jeder Phase meines Lebens, die ich irgendwo in meinem Kopf gespeichert habe und auf die ich zugreifen und aus ihnen lernen könnte, wenn ich Zeit und Muße habe, sie zu erreichen. Allein all die Musik, die wir gespeichert haben! Spiel mir irgendeinen Song ab 1965 vor, und ich kann ihn mitsingen.

Hier, wo wir arbeiten, herrscht die Wildnis. In der Natur ist alles mit Stille verbunden, und du wirst jede Sekunde deines Lebens davon beeinflusst, ob du im Bett liegst oder draußen durch sie spazierst.

Wir fliegen fast jeden Tag, um zu unseren Einsatzorten zu gelangen. Das Brummen des Flugzeugmotors, während wir über weite Landschaften gleiten, ist für mich zu einer eigenen Art von Stille geworden.

Die Stille der Natur ist eine gesunde Art der Stille für mein modernes Gehirn. Sie stimmt und nährt mich, auch wenn sie nicht geräuschlos ist. Aber die Geräusche der Natur sind anders als elektrostatisches Rauschen. Auch eine Stadt hat ihre Reize, sie anzuschauen ist für mich wie Kaugummi für die Augen. Aber die Geräusche haben etwas von verzweifeltem Lärm an sich.

Die Verbindung zur Wildnis ist der Anfang des Verstehens, wer du eigentlich bist. Die Mehrheit der Menschen begreift inzwischen, wie wichtig die Natur für uns und unsere Gesundheit ist. Und ich habe wenig Verständnis für diejenigen, die unsere Lebensräume zerstören. Wir sehen die Notwendigkeit, die Natur zu schützen, deshalb gründen wir in Chile und Argentinien Nationalparks.

2016 feierten die amerikanischen Nationalparks ihren hundertsten Geburtstag. Über dreihundert Millionen Menschen haben in dieser Zeit diese Naturreservate besucht. Warum ist das so? Weil die Menschen Schönheit zu schätzen wissen, Geschichte, Freiraum und Stille. Und für all das stehen diese Orte. Sie brechen die Schallwellen des digitalen Lebens.

Warum begeben sich Tausende von Menschen jeden Tag in einen Stadtpark? Weil er Raum gibt. Einen geistigen Raum, der Stille in sich trägt, nicht nur Platz zum Laufen oder Fahrradfahren. Du gehst durch einen der Eingänge in den Park, und sofort verändern sich dein Tag und das, was du hörst. Du kommst zurück zu etwas, was du tief in dir wiedererkennst. Die zeitweise Abwesenheit von allem Industriellen, auch wenn man sich nur ein paar Häuserblocks davon entfernt befindet.

Als wir 1993 hierher nach Patagonien kamen, war das wie eine Kontinental-verschiebung unseres ganzen Lebens. Es gab keine Elektrizität, keine Straßen, keine Telefone, kein Internet, nichts. Es war wirkliche Pionierarbeit. Wenn wir irgendwo hinwollten, mussten wir fliegen.

Erst hier habe ich wirklich die Bedeutung von Stille begriffen. Es war bei Weitem das Mutigste, was ich je gemacht habe. Mich von etwas abzuwenden, was ich gut konnte und gern tat. Doch als ich hierherkam, war es, als würden alle meine Sinne in Flammen stehen. Erst da merkte ich, wie gedämpft sie vorher gewesen waren, ohne dass ich es mitbekommen hatte.

Ich bin in Kalifornien aufgewachsen, wir hatten ein wunderschönes Haus am Strand und jahrein, jahraus jeden Tag schönes Wetter. Grauenhaft langweilig, würde ich heute sagen. Aber es hat dazu geführt, dass ich heute hier bin. Hier habe ich ein ganz anderes Leben, jeder einzelne Aspekt hat sich innerhalb kürzester Zeit verändert.

Jeder, der in der Natur lebt, ist völlig abhängig vom Wetter. Es bestimmt jeden Tag unsere Entscheidungen, und man beginnt, es wie eine Sprache zu lesen: Welche Art von Wetter kommt auf uns zu? Ist das eine Kaltfront? Eine Hitzewelle? Wann erreicht es uns? Was sind die Auswirkungen? Jedes Wetterphänomen hat seine eigenen Geräusche, man könnte sie nach einer Weile sogar erkennen, wenn man blind ist.

Mein Mann Doug hatte einen Tinnitus, und es half ihm, wenn im Haus Musik lief. Ich bin sehr geräuschempfindlich und schätze es, wie viel man hört, wenn es still ist. Wenn Doug zu Hause arbeitete, musste er Musik laufen lassen, damit er den Tinnitus ausblenden konnte. Ich brauche Stille zum Arbeiten, damit ich konzentriert und effektiv sein kann. Stille war also immer ein Thema zwischen uns.

Die tiefste Stille und der krasseste Einschnitt in meinem Leben war Dougs Tod. Der Tag, an dem er starb, brachte eine unerträgliche physische Stille. Die wahre, totale, betäubende Stille. Wir waren unzertrennlich. Die Art und die Plötzlichkeit seines Todes, das war, als wäre ein Fallbeil der Stille auf mich niedergesaust.

Ich mache weiter mit dem, was wir gemeinsam geplant hatten, und in manchen stillen Momenten, in denen ich daran denke, was passiert, bin ich sehr glücklich, dass alle Augenblicke so sicher in meinen Erinnerungen gelagert sind und ich zu der Millisekunde zurückgehen kann, in der es begann.

Kris Tompkins wurde 1950 in Kalifornien geboren. Mit 15 Jahren begegnete sie der Kletterlegende Yvon Chouinard. Nach ihrem College-Abschluss begann sie in seiner Firma für Kletterequipment zu arbeiten und wurde ihr CEO. Die Firma nannte sich in „Patagonia" um und wurde eine führende Outdoor-Bekleidungs-Marke und ein Vorbild für ökologische Verantwortung.

1993 heiratete sie Douglas Tompkins (den Gründer von The North Face und Esprit) und zog mit ihm nach Patagonien. Gemeinsam investierten sie Millionen in ausgedehnte Naturschutzgebiete. 2015 verunglückte Doug tödlich bei einem Kajakunfall. Kris arbeitet weiter daran, möglichst viel Land in Südamerika in seinem natürlichen Zustand zu bewahren.

FRANK OSTASESKI

STERBEBEGLEITER

STILLE IST RAUM

Stille ist der Hintergrund aller Dinge, grenzenlos ohne Einschränkung, dunkel und ruhig. Sie ist leer und doch voller Potenzial. Alles entsteht aus dieser Stille und kehrt wieder zu ihr zurück. Manche Formen sind vielleicht nicht ewig, aber die Möglichkeit der Leere, sich selbst dynamisch in Formen auszudrücken, ist ewig und untrennbar von der Leere.

Wenn wir uns umsehen, nehmen wir meist Objekte wahr und schenken dem Raum um sie herum wenig Beachtung. Ähnlich, wie wir unsere Aufmerksamkeit einem Geräusch zuwenden und nicht der Stille, die den Raum bewohnt.

In meinem Verständnis sind Raum und Stille schwer trennbar. Sie scheinen mir aus demselben Material zu bestehen. Durch Stille wird uns die Erhabenheit im Gewöhnlichen bewusst, die Schönheit, die Einheit und die Tiefe des Heiligen, das immer in und um uns herum ist.

Wenn ich bei einem sterbenden Menschen sitze, finde ich es immer wichtiger zuzuhören als zu sprechen. Stille ist die beste Sprache, um Sterbende zu begleiten. Ich bleibe ganz nah bei meiner Intuition und vertraue darauf, dass Zuhören die stärkste Form der Verbindung ist. Ich führe uns in die Zuflucht der Stille. Meiner Erfahrung nach sind dies die Dinge, die am hilfreichsten sind. Ich leite Sterbende nicht an, sondern ich bezeuge, was geschieht, in der tiefen Überzeugung, dass Sterben ein völlig vertrauenswürdiger Prozess ist.

Für viele Menschen ist der beängstigendste Teil des Sterbens die Angst davor, das eigene Ich zu verlieren. Die Identität, über die wir uns definieren: Ich bin eine Frau, ein Mann, ein Bruder, eine Schwester, Arzt, Sängerin. All diese Identitäten werden im Sterben weggenommen oder anmutig aufgegeben – aber sie gehen alle. Wenn die Identität loslässt, können wir etwas Wesentlicheres entdecken, eine grundlegende Wahrheit der menschlichen Natur.

Stille wird von manchen als bedrohlich empfunden. Dadurch, dass das kleine Gefühl der Identität nur ein Konstrukt ist, hat es immer Angst und kämpft ums Überleben. Doch es kann nicht gewinnen, und das wiederum stürzt uns in ein Chaos der Gefühle. Doch wenn wir aufmerksam bleiben, entdecken wir etwas unendlich viel Tieferes – Hingabe.

Hingabe ist etwas anderes als Aufgeben oder Loslassen. Beim Loslassen denken wir an eine Befreiung, ein Nachgeben von etwas, was vorher angespannt war, an Befreiung von Zwängen. Bei der Hingabe geht es eher um Ausdehnung. In der Hingabe liegt Freiheit, aber sie bedeutet nicht, etwas aufzugeben oder sich von einer Sache, Person oder Erfahrung zu entfernen, wie es beim Loslassen der Fall ist. In der Hingabe werden wir frei, weil wir uns in einen unendlichen Raum ausgedehnt haben, in eine unbeschränkte Daseinsform, die die bisherigen begrenzenden Glaubenssätze oder Ängste einschließen kann, aber nicht von ihnen behindert wird.

In der Hingabe werden wir wiederhergestellt. Wir werden nicht länger von unserer Vergangenheit versklavt oder von unserer früheren Identität eingekerkert. Wir werden mit der inneren Wahrheit unserer wahren Natur bekannt gemacht.

In der Hingabe distanzieren wir uns nicht, sondern kommen uns näher. Ich bin nicht überzeugt davon, dass wir die Hingabe bewusst wählen können. Sie scheint mir unfreiwillig zu geschehen.

Loslassen ist eine Strategie des Geistes, der noch mit der Vergangenheit beschäftigt ist. Eine Aktivität der Persönlichkeit, und die strebt immer danach, sich selbst zu erhalten. Das Ego ist nicht fähig zur Hingabe. Hingabe ist das mühelose, ruhige, ununterbrochene Nichtstun unserer innersten Natur.

Stille ist der Unterbau und der Hintergrund, auf den wir uns stützen, in den wir uns hineinlehnen dürfen, um Hingabe und alles weitere andere über die Erfahrung des Sterbens zu lernen. Tiefe Stille ist nicht nur eine Pause zwischen Geräuschen, sie ist eine innere Ruhe, die man im Herzen fühlt, lautlos wie frisch gefallener Schnee auf einem Bergpass. Diese Art der Stille raubt uns sowohl den Glauben wie auch den Unglauben. Sie führt uns über das Bekannte, über die Worte hinaus und ins Heilige.

Stille ist die natürliche Reaktion auf die Anwesenheit des Heiligen, ganz egal, wo und wie es sich zeigt. Die Geburt gehört zu den echtesten, ehrlichsten und unglamourösesten Ereignissen im menschlichen Leben, und sie ist uns allen gemeinsam. Und doch kann niemand, der miterlebt, wie ein Kind zur Welt kommt, etwas anderes als ehrfürchtiges Verstummen empfinden angesichts des Erscheinens eines neuen Lebens.

Der Tod bietet uns dieselbe Einladung an. Tatsächlich kommen sich Geburt und Tod sehr nahe. Es ist schwer zu sagen, wann genau das Leben beginnt oder endet. Beide Ereignisse können Momente größter Lebendigkeit sein; beide fordern uns dazu heraus, unsere Verletzlichkeit anzuerkennen, offen für das Unerwartete zu sein und das Leben, so wie wir es bis dahin gekannt haben, loszulassen.

Im Prozess des Sterbens, besonders in den letzten Stunden, Minuten, Sekunden, befinden sich die Menschen in einer Zwischenwelt – noch nicht gegangen, aber auch nicht mehr wirklich da. Und wenn wir sehr leise sind und uns nicht einmischen, können wir in diese Lücke treten und Stille und reine Liebe finden.

In der Stille erkennen wir die vollkommene Harmonie des Hintergrundes, vor dem all das Kommen und Gehen gesehen und erlebt wird. Die Stille hilft uns zu erkennen und zu schätzen, dass der Tod weit mehr ist als Zerstörung und Auslöschung.

Sterbende Menschen sind meine Lehrer gewesen. Sie haben mich in ihre verletzlichsten Momente eingeladen und mir ermöglicht, dem Tod ganz nah zu kommen. Und in diesem Prozess haben sie mich gelehrt zu leben.

Frank Ostaseski ist einer der bedeutendsten Vertreter der Hospizarbeit. Seine bahnbrechende Leistung ist es, die Prinzipien Achtsamkeit und Mitgefühl im Hospizwesen verankert zu haben. Er gründete das erste buddhistische Hospiz „Zen Hospice Project" in San Francisco und das Metta Institute, ein Ausbildungszentrum für Sterbebegleiter. Die Erkenntnisse aus der Begleitung von über tausend Sterbenden und die Grundlagen seiner Arbeit hat er in dem Buch „Die fünf Einladungen: Was wir vom Tod lernen können, um erfüllt zu leben" festgehalten.

ÜBER DIE AUTORIN

Manu Theobald war zunächst Mode- und Werbefotografin. Nach drei Jahren wechselte sie zur Reisedokumentation und Portrait-Fotografie, angetrieben von dem ursprünglichen Wunsch, Geschichten über Menschen zu erzählen. Über Gemeinsamkeiten und Unterschiede, über Lebensräume und Lebensentwürfe, um sich so der Komplexität des Lebens anzunähern.

Ihre Aufträge für Magazine wie ADAC-Reisemagazin, Abenteuer&Reisen, AD, Brigitte, Elle, Merian oder Vogue führten sie zu intensiven Begegnungen nach Afrika, Asien und durch weite Teile Europas. Sie taucht ein in das Leben bekannter Persönlichkeiten genauso wie scheinbar vergessener Menschen. Die Münchnerin fotografiert inzwischen verstärkt für Stiftungen aus den Bereichen Kultur, Innovation und Wissenschaft. Seit Ende 2016 arbeitete sie an diesem Buch.

DANK

Dank an meine innere Stimme, die ich in der Stille wiederfand und die mich verlässlich durchs Leben führt.

Danke, Eva-Maria Börschlein, für das Ideen-Ping-Pong bei unserem Spaziergang im Englischen Garten, das die Initialzündung zu diesem Buch gab.

Großen Dank den wunderbaren Teilnehmenden, die alle einen besonderen Bezug zur Stille haben, deshalb diesem Buch ihre Zeit widmeten und ihre Erfahrungen und Gedanken mit dem Thema teilten.

Danke an meine Agentur Michael Meller, besonders Franziska Hoffmann und Herrn Meller, die sofort von dem Buch begeistert waren und es versuchten entsprechend zu vermitteln.

Danke, Tina Teucher, für dein besonderes Brückenbau-Talent.

Danke dem adeo Verlag, besonders Karo Kuhn für entschlossenes Handeln, deinen wertschätzenden Umgang mit dem Projekt, für deine Kunst, Kanten schleifen zu können, und überhaupt für die angenehme Zusammenarbeit. Auch an Mareike Schaaf für deine Gestaltung, das respektvolle Einbeziehen vieler Wünsche und unseren Crashkurs im Surfen.

Für unkomplizierte Vernetzungshilfe möchte ich mich herzlichst bei Alexa und Jens Rodrian, Annamaria Leiste, Astrid Vargas, Bernward Geier, Corinna Thierolf, Fritz Lietsch, Isabelle Mundry, Katharina und Thomas Wartmann, Michael Krüger, Thomas Riedelsheimer, Tobi Neumeister und Stefan Illy bedanken.

Dank an Martina Straub für ihr gutes Gespür des richtigen Moments.

Für erfahrene, praktische, sehr bereichernde Unterstützung bei Text-, Gestaltungs- und Entwicklungsfragen danke ich sehr Antje Kunstmann, Franziska Vogl, Sebastian Goossens und meinen Freundinnen Anneliese Nöbel, Dagmar Hirtz, Dagmar Knöpfel, Elke Reinhold, Marina Jagemann, Michaela Mielke, Rotraut Susanne Berner, Stefanie Zoche, Tina Fauvet und Ulrike Trültzsch.

Dank an John Jones für deine Übersetzungskünste.

Für eure wunderbare Freundschaft, die mein Leben so sehr bereichert, danke ich Alexa, Heinrich und Max Steinhart, Alex Biehler mit Ralf, Bruno und Nelson, Serge Näke mit Bine und Marlina, Batya Schwarz und Dieter Mittelsten-Scheid, Claudia und Andreas Saffer mit Greta, Johanna und Maria, Christine Fenzel, Dirk Brätschkuss, Dörthe Huttner, Dietmar Busse, Gita Nouriani und Markus Müller mit Oskar und Emma, Gisela Stelly Augstein und Burschi Langenstein, der Goldmarie, unserer geschätzten Hausgemeinschaft, Ilse und Willi Schneider, Ina Rosenthal, Judith Rosmair mit Theo, Julia Lachenmann, Julia und Dominik Biehler mit Lukas und Ferdinand, Jörg Widmann, Katrin und Eik Kammerl mit Olivia, Lilian und Ruben, Kissi und Gerd Baumann mit Konrad und Bela, meinem wunderbaren CHOR, Marie Holtmann, Petsi und Carl Mirwald mit Camilla, Johanna und Malina, Patrizia Portz mit Michael, Zoe und Alizia, Petros Haffenrichter, Raimund Thomas, Sabeth und Hannes Wallenborn-Honigmann, Sophie Jung mit Micha , Ulrike Schamoni und Andre Rival mit Lilli, Wacki und Robbi Reiner, Veena Fox.

Dank natürlich meinen Eltern Rosmarie und Norbert Theobald mit Magrit Achenbach, die meine Neugier unterstützten, ein Verständnis für Zusammenhänge prägten und mich genauso für urbane Lebenslust wie auch für Naturglück sensibilisierten. Dank meinen Geschwistern, mit denen ich das Leben zunächst in vielen Facetten erforschen konnte.

Unendlichen Dank an meine Familie, die mich durch alle Lebenslagen liebend begleitet und mich weiter lernen lässt.

Ich danke der Stille, Yoga und Meditation die fest in mein tägliches Leben eingewoben sind und mir immer wieder neu geistige Hygiene, Öffnung, Beweglichkeit, Stabilität, Energie, Verbundenheit, Lebensfreude und langen, tiefen Atem schenken.

Danke an Rigpa Berlin, wo das Treffen mit Frank Ostaseski stattfand.

2. Auflage 2021

Bestell-Nr. 835 271

ISBN 978-386334-271-5

Fotos: Manu Theobald

Autorenfoto Seite 221: Vincent Merkl

Umschlaggestaltung: Mareike Schaaf / spoondesign.de | Olaf Johannson

Innensatz: Mareike Schaaf

Druck und Verarbeitung: Print Consult GmbH, München

www.adeo-verlag.de